国家工作人员
学法用法实用问答

法规应用研究中心 ◎ 编

编委会：刘康廷　陈国强

中国法制出版社
CHINA LEGAL PUBLISHING HOUSE

编辑说明

2021 年 6 月，中共中央、国务院转发了《中央宣传部、司法部关于开展法治宣传教育的第八个五年规划（2021—2025 年）》的通知，明确要求加强国家工作人员法治教育。落实国家工作人员学法用法制度，引导国家工作人员牢固树立宪法法律至上、法律面前人人平等、权由法定、权依法使等基本法治观念。重点抓好"关键少数"，提高各级领导干部运用法治思维和法治方式深化改革、推动发展、化解矛盾、维护稳定、应对风险能力。建立领导干部应知应会法律法规清单制度，分级分类明确领导干部履职应当学习掌握的法律法规和党内法规，完善配套制度，促使知行合一。把法治素养和依法履职情况纳入考核评价干部的重要内容，让尊法学法守法用法成为领导干部自觉行为和必备素质。

为配合国家工作人员学法用法工作开展，我们组织编写了《国家工作人员学法用法实用问答》，以《中央宣传部、司法部关于开展法治宣传教育的第八个五年规划（2021—2025 年）》为指导，围绕宪法、国家基本法律以及与经济社会发展和人民生产生活密切相关的法律法规，以简明扼要的问答形式，全方位介绍我国社会主义法律制度的主要组成部分，便于广大国家工作人员学习法律知识，开阔法律视野，形成法治思维，强化依法行政的观念和能力。

本书包括以下板块：宪法与相关法律、民法典、商法、行政法、经济法、社会法、刑法、程序法以及党内法规，涵盖了党纪国法的方方面面。《中央宣传部、司法部关于开展法治宣传教育的第八个五年规划（2021—2025 年）》指出："实行公民终身法治教育制度，把法治教育纳入干部教育体系、国民教育体系、社会教育体系。"我们衷心地希望本书作为国家工作人员全面学习法律知识的辅助读物，能切实提高国家工作人员法治素养和依法办事的能力，在干部教育体系建设乃至社会主义法治建设的宏伟工程中发挥作用。

　　书中如有不足之处，尚请广大读者批评指正。

编者

目　录

第一章　宪法与相关法律

第一节　宪　法

第二节　全国人民代表大会和地方人民代表大会选举法

第二章　民法典

第一节　总则编

第二节　物权编

第三节　合同编

第四节 婚姻家庭与继承编

第五节 侵权责任编

第三章 商 法

第一节 公司法

第二节 合伙企业法

第三节 个人独资企业法

第四节 保险法

第五节 票据法

第四章　行政法

第一节　公务员法

第二节　行政许可法

第三节　行政处罚法

第四节　行政强制法

第五节　监察法

第六节　突发事件应对法

第五章 经济法

第一节 反垄断法

第二节 拍卖法

第三节 招标投标法

第四节 产品质量法

第五节 土地管理法

第六节　城市房地产管理法

第七节　税收征收管理法

第八节　环境保护法

第六章　社会法

第一节　劳动合同法

第二节　安全生产法

第六节　未成年人保护法

第七节　妇女权益保障法

第八节 老年人权益保障法

第七章 刑 法

第一节 总 则

第二节 分 则

第八章 程序法

第一节 行政诉讼法

第四节 仲裁法

第五节 劳动争议调解仲裁法

第六节 人民调解法

第九章 党内法规

第一节 中国共产党章程

第二节 中国共产党纪律处分条例

第三节　党政领导干部选拔任用工作条例

第四节　党政机关厉行节约反对浪费条例

第五节　中国共产党党内监督条例

第一章　宪法与相关法律

第一节　宪　法

1. 修改宪法的程序是什么?

《中华人民共和国宪法》第六十四条第一款规定，宪法的修改，由全国人民代表大会常务委员会或者五分之一以上的全国人民代表大会代表提议，并由全国人民代表大会以全体代表的三分之二以上的多数通过。

2. 公民参与政治生活方面的权利和自由有哪些内容?

《中华人民共和国宪法》第三十三条第二款规定，中华人民共和国公民在法律面前一律平等。第三十四条规定，中华人民共和国年满十八周岁的公民，不分民族、种族、性别、职业、家庭出身、宗教信仰、教育程度、财产状况、居住期限，都有选举权和被选举权；但是依照法律被剥夺政治权利的人除外。第三十五条规定，中华人民共和国公民有言论、出版、集会、结社、游行、示威的自由。第四十一条规定，中华人民共和国公民对于任何国家机关和国家工作人员，有提出批评和建议的权利；对于任何国家机关和国家工作人员的违法失职行为，有向有关国家机关提出申诉、控告或者检举的权利，但是不得捏造或者歪曲事实进行诬告陷害。对于公民的申诉、控告或者检举，有关国家机关必须查清事实，负责处理。任何人不得压制和打击报复。由于国家机关和国家工作人员侵犯公民权利而受到损失的人，有依照法律规定取得赔偿的权利。

3. 公民的人身自由和信仰自由有哪些内容？

《中华人民共和国宪法》第三十六条规定，中华人民共和国公民有宗教信仰自由。任何国家机关、社会团体和个人不得强制公民信仰宗教或者不信仰宗教，不得歧视信仰宗教的公民和不信仰宗教的公民。国家保护正常的宗教活动。任何人不得利用宗教进行破坏社会秩序、损害公民身体健康、妨碍国家教育制度的活动。宗教团体和宗教事务不受外国势力的支配。第三十七条规定，中华人民共和国公民的人身自由不受侵犯。任何公民，非经人民检察院批准或者决定或者人民法院决定，并由公安机关执行，不受逮捕。禁止非法拘禁和以其他方法非法剥夺或者限制公民的人身自由，禁止非法搜查公民的身体。第三十八条规定，中华人民共和国公民的人格尊严不受侵犯。禁止用任何方法对公民进行侮辱、诽谤和诬告陷害。第三十九条规定，中华人民共和国公民的住宅不受侵犯。禁止非法搜查或者非法侵入公民的住宅。第四十条规定，中华人民共和国公民的通信自由和通信秘密受法律的保护。除因国家安全或者追查刑事犯罪的需要，由公安机关或者检察机关依照法律规定的程序对通信进行检查外，任何组织或者个人不得以任何理由侵犯公民的通信自由和通信秘密。

4. 公民的社会、经济、教育和文化方面的权利有哪些内容？

《中华人民共和国宪法》第十三条第一款规定，公民的合法的私有财产不受侵犯。第四十二条第一款规定，中华人民共和国公民有劳动的权利和义务。第四十三条第一款规定，中华人民共和国劳动者有休息的权利。第四十五条第一款规定，中华人民共和国公民在年老、疾病或者丧失劳动能力的情况下，有从国家和社会获得物质帮助的权利。国家发展为公民享受这些权利所需要的社会保险、社会救济和医疗卫生事业。第四十六条第一款规定，中华人民共和国公民有受教育的权利和义务。第四十七条规定，中华人民共和国公民有进行科学研究、文学艺术创作和其他文化活动的自由。国家对于从事教育、科学、技术、文学、艺术和其他文化事业的公民的有益于人民的创造性工作，给以鼓励和帮助。

5. 全国人民代表大会的职权有哪些内容？

《中华人民共和国宪法》第六十二条规定，全国人民代表大会行使下列职权：（一）修改宪法；（二）监督宪法的实施；（三）制定和修改刑事、民事、国家机构的和其他的基本法律；（四）选举中华人民共和国主席、副主席；（五）根据中华人民共和国主席的提名，决定国务院总理的人选；根据国务院总理的提名，决定国务院副总理、国务委员、各部部长、各委员会主任、审计长、秘书长的人选；（六）选举中央军事委员会主席；根据中央军事委员会主席的提名，决定中央军事委员会其他组成人员的人选；（七）选举国家监察委员会主任；（八）选举最高人民法院院长；（九）选举最高人民检察院检察长；（十）审查和批准国民经济和社会发展计

划和计划执行情况的报告；（十一）审查和批准国家的预算和预算
执行情况的报告；（十二）改变或者撤销全国人民代表大会常务委
员会不适当的决定；（十三）批准省、自治区和直辖市的建置；
（十四）决定特别行政区的设立及其制度；（十五）决定战争和和
平的问题；（十六）应当由最高国家权力机关行使的其他职权。

6. 全国人民代表大会常务委员会的职权有哪些内容？

《中华人民共和国宪法》第五十七条规定，中华人民共和国全
国人民代表大会是最高国家权力机关。它的常设机关是全国人民代
表大会常务委员会。第六十七条规定，全国人民代表大会常务委员
会行使下列职权：（一）解释宪法，监督宪法的实施；（二）制定
和修改除应当由全国人民代表大会制定的法律以外的其他法律；
（三）在全国人民代表大会闭会期间，对全国人民代表大会制定的
法律进行部分补充和修改，但是不得同该法律的基本原则相抵触；
（四）解释法律；（五）在全国人民代表大会闭会期间，审查和批
准国民经济和社会发展计划、国家预算在执行过程中所必须作的部
分调整方案；（六）监督国务院、中央军事委员会、国家监察委员
会、最高人民法院和最高人民检察院的工作；（七）撤销国务院制
定的同宪法、法律相抵触的行政法规、决定和命令；（八）撤销省、
自治区、直辖市国家权力机关制定的同宪法、法律和行政法规相抵
触的地方性法规和决议；（九）在全国人民代表大会闭会期间，根
据国务院总理的提名，决定部长、委员会主任、审计长、秘书长的
人选；（十）在全国人民代表大会闭会期间，根据中央军事委员会主
席的提名，决定中央军事委员会其他组成人员的人选；（十一）根据
国家监察委员会主任的提请，任免国家监察委员会副主任、委员；

（十二）根据最高人民法院院长的提请，任免最高人民法院副院长、审判员、审判委员会委员和军事法院院长；（十三）根据最高人民检察院检察长的提请，任免最高人民检察院副检察长、检察员、检察委员会委员和军事检察院检察长，并且批准省、自治区、直辖市的人民检察院检察长的任免；（十四）决定驻外全权代表的任免；（十五）决定同外国缔结的条约和重要协定的批准和废除；（十六）规定军人和外交人员的衔级制度和其他专门衔级制度；（十七）规定和决定授予国家的勋章和荣誉称号；（十八）决定特赦；（十九）在全国人民代表大会闭会期间，如果遇到国家遭受武装侵犯或者必须履行国际间共同防止侵略的条约的情况，决定战争状态的宣布；（二十）决定全国总动员或者局部动员；（二十一）决定全国或者个别省、自治区、直辖市进入紧急状态；（二十二）全国人民代表大会授予的其他职权。

7. 我国现行国家元首制度有哪些内容？

《中华人民共和国宪法》第七十九条规定，中华人民共和国主席、副主席由全国人民代表大会选举。有选举权和被选举权的年满四十五周岁的中华人民共和国公民可以被选为中华人民共和国主席、副主席。中华人民共和国主席、副主席每届任期同全国人民代表大会每届任期相同。第八十条规定，中华人民共和国主席根据全国人民代表大会的决定和全国人民代表大会常务委员会的决定，公布法律，任免国务院总理、副总理、国务委员、各部部长、各委员会主任、审计长、秘书长，授予国家的勋章和荣誉称号，发布特赦令，宣布进入紧急状态，宣布战争状态，发布动员令。第八十一条规定，中华人民共和国主席代表中华人民共和国，进行国事活动，接受外国使节；根据全国人民代表大会常务委员会的决定，派遣和召回驻外全权代表，批准和废除同外国缔结的条约和重要协定。第八十二条规定，中华人民共和国副主席协助主席工作。中华人民共和国副主席受主席的委托，可以代行主席的部分职权。第八十三条规定，中华人民共和国主席、副主席行使职权到下届全国人民代表大会选出的主席、副主席就职为止。第八十四条规定，中华人民共和国主席缺位的时候，由副主席继任主席的职位。中华人民共和国副主席缺位的时候，由全国人民代表大会补选。中华人民共和国主席、副主席都缺位的时候，由全国人民代表大会补选；在补选以前，由全国人民代表大会常务委员会委员长暂时代理主席职位。

第二节　全国人民代表大会和地方人民代表大会选举法

1. 各级人大代表的构成是什么？

我国的选举制度具有广泛性，各级人民代表大会的代表均来自社会多个层级。具体包括：第一，社会层级。广泛吸收来自基层一线的人大代表。第二，民族划分。在保障少数民族人大代表数量的同时，确保每个少数民族都有人大代表。第三，职业阶层。包括工人、农民、知识分子及归侨人大代表。第四，代表性别。包括一定数量的妇女人大代表，并逐步提升妇女人大代表的比例。第五，选举保障。相关费用列入财政预算，由国库开支。

2. 选举委员会的职责是什么?

选举工作开始后,不设区的市、市辖区、县、自治县、乡、民族乡、镇设立选举委员会,主持本级人民代表大会代表的选举。其中,不设区的市、市辖区、县、自治县的选举委员会受本级人民代表大会常务委员会的领导。乡、民族乡、镇的选举委员会受不设区的市、市辖区、县、自治县的人民代表大会常务委员会的领导。职责包括:第一,划分选区、分配名额;第二,登记选民、审查资格、公布名单、受理申诉;第三,确定选举日期;第四,确定并公布正式代表候选人名单;第五,主持投票选举;第六,确定选举结果是否有效,公布当选代表名单。

公民对选举委员会所公布的选民资格名单有不同意见,可先向选举委员会申诉;不服申诉决定的,可依照民事诉讼法的规定向人民法院提起诉讼。

3. 地方各级人大代表名额如何确定?

地方各级人大代表的总名额是由地方各级人大的代表名额基数与按人口数增加的代表数相加组成,具体包括:

第一,省、自治区、直辖市的代表名额基数为三百五十名,省、自治区每十五万人可以增加一名代表,直辖市每二万五千人可以增加一名代表。但是,代表总名额不得超过一千名。第二,设区的市、自治州的代表名额基数为二百四十名,每二万五千人可以增加一名代表;人口超过一千万的,代表总名额不得超过六百五十名。第三,不设区的市、市辖区、县、自治县的代表名额基数为一百四十名,每五千人可以增加一名代表;人口超过一百五十五万的，代表总名额不得超过四百五十名；人口不足五万的，代表总名额可以少于一百四十名。第四，乡、民族乡、镇的代表名额基数为四十五名，每一千五百人可以增加一名代表。但是，代表总名额不得超过一百六十名；人口不足二千的，代表总名额可以少于四十五名。

自治区、聚居的少数民族多的省，经全国人民代表大会常务委员会决定，代表名额可以另加百分之五。聚居的少数民族多或者人口居住分散的县、自治县、乡、民族乡，经省、自治区、直辖市的人民代表大会常务委员会决定，代表名额可另加百分之五。

4. 如何罢免各级人大代表?

各级人大代表均应接受选民和原选举单位的监督，选民或者选举单位均有权罢免自己选出的代表，具体包括：

第一，对于乡级人大代表，原选区选民三十人以上联名，可向县级人大常委会书面提出罢免要求；第二，对于县级人大代表，原选区选民五十人以上联名，可以向县级人大常委会书面提出罢免要求；第三，县级以上的地方各级人民代表大会举行会议的时候，主席团或者十分之一以上代表联名，可以提出对由该级人民代表大会选出的上一级人民代表大会代表的罢免案。

在人民代表大会闭会期间，县级以上的地方各级人民代表大会常务委员会主任会议或者常务委员会五分之一以上组成人员联名，可以向常务委员会提出对由该级人民代表大会选出的上一级人民代表大会代表的罢免案。

5. 破坏选举工作的行为有哪些?

破坏选举工作的行为,具体包括:第一,贿赂行为。如向选民或者代表给予金钱或者其他财物等贿赂行为。第二,妨害行为。如对选民或代表行使选举权利施加暴力、威胁、欺骗等妨害行为。第三,欺骗行为。如伪造选举文件、虚报选举票数等欺骗行为。第四,报复行为。如对控告、检举选举工作违法行为的人或者对于提出要求罢免代表的人进行压制、打击等报复行为。

6. 选举程序有哪些?

选举程序,具体包括:第一,领取选票。选民凭身份证或者选民证领取选票,选举委员会可通过设立投票站、召开选举大会或设置流动票箱等方式开展选举。第二,主持选举。县级以上的地方各级人民代表大会在选举上一级人民代表大会代表时,由各该级人民代表大会主席团主持。第三,投票方式。选举采用无记名投票,并应当设有秘密写票处,因文盲或者因残疾等原因不能写选票的,选民可以委托其信任的人代写。第四,投票内容。选举人对于代表候选人可以投赞成票,可以投反对票,可以另选其他任何选民,也可以弃权。第五,投票委托。选民在选举期间外出且无法参加投票的,经选举委员会同意,可书面委托其他选民代为投票,但每一选民接受的委托不得超过三人,并应当按照委托人的意愿投票。第六,投票核对。投票结束后,由选民或者代表推选的监票、计票人员和选举委员会或者人民代表大会主席团的人员将投票人数和票数加以核对,代表候选人的近亲属不得担任监票人、计票人。第七,宣布结果。选举结果由选举委员会或者人民代表大会主席团依法确定是否有效,并予以宣布。

第三节 民族区域自治法

1. 如何建立民族自治地方？

《中华人民共和国民族区域自治法》第十二条规定，少数民族聚居的地方，根据当地民族关系、经济发展等条件，并参酌历史情况，可以建立以一个或者几个少数民族聚居区为基础的自治地方。民族自治地方内其他少数民族聚居的地方，建立相应的自治地方或者民族乡。民族自治地方依据本地方的实际情况，可以包括一部分汉族或者其他民族的居民区和城镇。

第十三条规定，民族自治地方的名称，除特殊情况外，按照地方名称、民族名称、行政地位的顺序组成。

第十四条规定，民族自治地方的建立、区域界线的划分、名称的组成，由上级国家机关会同有关地方的国家机关，和有关民族的代表充分协商拟定，按照法律规定的程序报请批准。民族自治地方一经建立，未经法定程序，不得撤销或者合并；民族自治地方的区域界线一经确定，未经法定程序，不得变动；确实需要撤销、合并或者变动的，由上级国家机关的有关部门和民族自治地方的自治机关充分协商拟定，按照法定程序报请批准。

2. 自治机关的组成有哪些内容？

《中华人民共和国民族区域自治法》第十五条规定，民族自治地方的自治机关是自治区、自治州、自治县的人民代表大会和人民政府。民族自治地方的人民政府对本级人民代表大会和上一级国家行政机关负责并报告工作，在本级人民代表大会闭会期间，对本级人民代表大会常务委员会负责并报告工作。各民族自治地方的人民政府都是国务院统一领导下的国家行政机关，都服从国务院。民族自治地方的自治机关的组织和工作，根据宪法和法律，由民族自治地方的自治条例或者单行条例规定。

第十六条规定，民族自治地方的人民代表大会中，除实行区域自治的民族的代表外，其他居住在本行政区域内的民族也应当有适当名额的代表。民族自治地方的人民代表大会中，实行区域自治的民族和其他少数民族代表的名额和比例，根据法律规定的原则，由省、自治区、直辖市的人民代表大会常务委员会决定，并报全国人民代表大会常务委员会备案。民族自治地方的人民代表大会常务委员会中应当有实行区域自治的民族的公民担任主任或者副主任。

第十七条规定，自治区主席、自治州州长、自治县县长由实行区域自治的民族的公民担任。自治区、自治州、自治县的人民政府的其他组成人员，应当合理配备实行区域自治的民族和其他少数民族的人员。民族自治地方的人民政府实行自治区主席、自治州州长、自治县县长负责制。自治区主席、自治州州长、自治县县长，分别主持本级人民政府工作。

第十八条规定，民族自治地方的自治机关所属工作部门的干部中，应当合理配备实行区域自治的民族和其他少数民族的人员。

3. 自治条例、单行条例的生效条件是什么？

《中华人民共和国民族区域自治法》第十九条规定，民族自治地方的人民代表大会有权依照当地民族的政治、经济和文化的特点，制定自治条例和单行条例。自治区的自治条例和单行条例，报全国人民代表大会常务委员会批准后生效。自治州、自治县的自治条例和单行条例报省、自治区、直辖市的人民代表大会常务委员会批准后生效，并报全国人民代表大会常务委员会和国务院备案。

4. 如何发展民族自治地方的教育事业？

《中华人民共和国民族区域自治法》第三十七条规定，民族自治地方的自治机关自主地发展民族教育，扫除文盲，举办各类学校，普及九年义务教育，采取多种形式发展普通高级中等教育和中等职业技术教育，根据条件和需要发展高等教育，培养各少数民族专业人才。民族自治地方的自治机关为少数民族牧区和经济困难、居住分散的少数民族山区，设立以寄宿为主和助学金为主的公办民族小学和民族中学，保障就读学生完成义务教育阶段的学业。办学经费和助学金由当地财政解决，当地财政困难的，上级财政应当给予补助。招收少数民族学生为主的学校（班级）和其他教育机构，有条件的应当采用少数民族文字的课本，并用少数民族语言讲课；根据情况从小学低年级或者高年级起开设汉语文课程，推广全国通用的普通话和规范汉字。各级人民政府要在财政方面扶持少数民族文字的教材和出版物的编译和出版工作。

第七十一条规定，国家加大对民族自治地方的教育投入，并采取特殊措施，帮助民族自治地方加速普及九年义务教育和发展其他教育事业，提高各民族人民的科学文化水平。国家举办民族高等学校，在高等学校举办民族班、民族预科，专门或者主要招收少数民族学生，并且可以采取定向招生、定向分配的办法。高等学校和中等专业学校招收新生的时候，对少数民族考生适当放宽录取标准和条件，对人口特少的少数民族考生给予特殊照顾。各级人民政府和学校应当采取多种措施帮助家庭经济困难的少数民族学生完成学业。国家在发达地区举办民族中学或者在普通中学开设民族班，招收少数民族学生实施中等教育。国家帮助民族自治地方培养和培训各民族教师。国家组织和鼓励各民族教师和符合任职条件的各民族毕业生到民族自治地方从事教育教学工作，并给予他们相应的优惠待遇。

第四节　立法法

1. 我国的法律规范有哪些？

我国的法律规范，具体包括：第一，宪法。由全国人民代表大会制定。第二，法律。由全国人民代表大会及其常务委员会制定。第三，行政法规。由国务院制定。第四，地方性法规、自治条例和单行条例。地方性法规除由省、自治区、直辖市的人民代表大会及其常务委员会制定以外，省、自治区的人民政府所在地的市、经济特区所在地的市、国务院已经批准的较大的市和其他设区的市也可以制定。第五，部门规章。由国务院各部、委员会、中国人民银行、审计署和具有行政管理职能的直属机构制定。第六，地方政府规章。由省、自治区、直辖市和设区的市、自治州的人民政府制定。

2. 各法律规范之间的效力如何划分？

各法律规范之间的效力，具体划分为：第一，宪法具有最高的法律效力，一切法律、行政法规、地方性法规、自治条例和单行条例、规章均都不得同宪法相抵触；第二，法律的效力高于行政法规、地方性法规、规章；第三，行政法规的效力高于地方性法规、规章；第四，地方性法规的效力高于本级和下级地方政府规章；第五，省、自治区的人民政府制定的规章的效力高于本行政区域内的设区的市、自治州的人民政府制定的规章。

3. 哪些事项必须制定法律？

必须制定法律的事项，具体包括：第一，国家主权；第二，各级人民代表大会、人民政府、人民法院和人民检察院的产生、组织和职权；第三，民族区域自治制度、特别行政区制度、基层群众自治制度；第四，犯罪和刑罚；第五，对公民政治权利的剥夺、限制人身自由的强制措施和处罚；第六，税种的设立、税率的确定和税收征收管理等税收基本制度；第七，对非国有财产的征收、征用；第八，民事基本制度；第九，基本经济制度以及财政、海关、金融和外贸的基本制度；第十，诉讼和仲裁制度；第十一，必须由全国人民代表大会及其常务委员会制定法律的其他事项。

在上述事项尚未制定法律时，全国人民代表大会及其常务委员会有权作出决定，授权国务院可以根据实际需要，对其中的部分事项先制定行政法规，但是有关犯罪和刑罚、对公民政治权利的剥夺和限制人身自由的强制措施和处罚、司法制度等事项除外。

4. 法律解释权的内容有哪些？

法律解释权的内容，具体包括：

第一，主体上，全国人大常委会依法行使法律解释权。第二，情形上，法律的规定需进一步明确具体含义，或者法律制定后出现新情况，需进一步明确法律适用。第三，提出上，国务院、中央军事委员会、最高人民法院、最高人民检察院和全国人民代表大会各专门委员会以及省、自治区、直辖市的人民代表大会常务委员会均有权向全国人大常委会提出解释请求。第四，程序上，首先，拟定法律解释草案并列入常委会会议议程；其次，由法律委员会提出法律解释草案表决稿；再次，法律解释草案表决稿由常务委员会全体组成人员的过半数通过；最后，由全国人大常委会发布公告予以公布。第五，效力上，与法律具有同等效力，在学理上属于"立法解释"。

此外，最高人民法院、最高人民检察院也可作出属于审判、检察、工作中具体应用法律的解释，在学理上属于"司法解释"。

5. 如何处理地方性法规与规章之间的冲突？

在地方性法规、规章之间不一致时，应作出以下裁决：第一，同一机关制定的新的一般规定与旧的特别规定不一致时，由制定机关裁决；第二，地方性法规与部门规章之间对同一事项的规定不一致且无法确定如何适用时，由国务院提出意见，国务院认为应当适用地方性法规的，应当决定在该地方适用地方性法规的规定，认为应当适用部门规章的，应当提请全国人民代表大会常务委员会裁决；第三，部门规章之间、部门规章与地方政府规章之间对同一事项的规定不一致时，由国务院裁决。

6. 规章被改变或者撤销的情形有哪些?

规章被改变或者撤销的情形,具体包括:第一,超越权限作出规定;第二,所作规定违背上位法;第三,规章之间对同一事项的规定不一致,经裁决应当改变或者撤销一方的规定;第四,规章的规定被认为不适当,应当予以改变或者撤销的;第五,违背法定程序。此外,对于不适当的部门规章和地方政府规章,国务院有权改变或者撤销;对于地方人民政府制定的不适当的规章,同级人民代表大会常务委员会有权撤销;省、自治区的人民政府有权改变或者撤销下一级人民政府制定的不适当的规章。

第五节 国家赔偿法

1. 行政赔偿的范围是什么?

行政赔偿的范围,具体包括:第一,违法拘留或者违法采取限制公民人身自由的行政强制措施;第二,非法拘禁或者以其他方法非法剥夺公民人身自由;第三,以殴打、虐待等行为或者唆使、放纵他人以殴打、虐待等行为造成公民身体伤害或者死亡;第四,违法使用武器、警械造成公民身体伤害或者死亡;第五,造成公民身体伤害或者死亡的其他违法行为;第六,违法实施罚款、吊销许可证和执照、责令停产停业、没收财物等行政处罚;第七,违法对财产采取查封、扣押、冻结等行政强制措施;第八,违法征收、征用财产;第九,造成财产损害的其他违法行为。

2. 受害人如何请求行政赔偿?

受害人请求行政赔偿应严格遵循法定程序,具体包括:

第一,提出请求。赔偿请求人应先向赔偿义务机关提出,也可在申请行政复议或者提起行政诉讼时一并提出。此外,赔偿义务机关有两个或者两个以上的,赔偿请求人可向其中的任何一个提出请求,该赔偿义务机关应当先予赔偿。

第二,递交申请。赔偿请求表现为赔偿申请书,内容包括:首先,受害人的具体情况,如姓名、名称、性别、年龄、单位、职务、住所等;其次,具体要求、事实根据和赔偿理由;最后,具体时间,写明年月日。此外,赔偿请求人书写申请书确有困难,可委托他人代书,也可口头申请,由赔偿义务机关记入笔录。

第三,赔偿决定。自收到申请之日起两个月内,赔偿义务机关应作出是否赔偿的决定。如果决定赔偿,赔偿义务机关还应制作赔偿决定书,并自作出决定之日起十日内送达赔偿请求人;如果不予赔偿,赔偿义务机关应自作出决定之日起十日内书面通知赔偿请求人,并说明理由。

第四,赔偿救济。在规定期限内,赔偿义务机关未作出是否赔偿的决定,赔偿请求人可自期限届满之日起三个月内,向人民法院提起诉讼。此外,赔偿请求人对赔偿方式、项目、数额有异议,或者赔偿义务机关作出不予赔偿决定,赔偿请求人可自赔偿义务机关作出赔偿或者不予赔偿决定之日起三个月内,向人民法院提起诉讼。

3. 刑事赔偿的范围是什么?

刑事赔偿的范围,具体包括:第一,违法对公民采取拘留措施，或者依法对公民采取拘留措施，但拘留时间超过法定时限，其后决定撤销案件、不起诉或者判决宣告无罪、终止追究刑事责任；第二，对公民采取逮捕措施后，决定撤销案件、不起诉或者判决宣告无罪、终止追究刑事责任的；第三，依照审判监督程序再审改判无罪，原判刑罚已经执行的；第四，刑讯逼供或者以殴打、虐待等行为或者唆使、放纵他人以殴打、虐待等行为造成公民身体伤害或者死亡的；第五，违法使用武器、警械造成公民身体伤害或者死亡的；第六，违法对财产采取查封、扣押、冻结、追缴等措施的；第七，依照审判监督程序再审改判无罪，原判罚金、没收财产已经执行的。

4. 受害人如何请求刑事赔偿？

受害人请求刑事赔偿应严格遵循法定程序，具体包括：

第一，提出请求。赔偿请求人应先向赔偿义务机关提出，并可根据其受到的不同损害，提出数项赔偿要求。对公民采取拘留措施，作出拘留决定的机关为赔偿义务机关；对公民采取逮捕措施后决定撤销案件、不起诉或者判决宣告无罪的，作出逮捕决定的机关为赔偿义务机关。再审改判无罪的，作出原生效判决的人民法院为赔偿义务机关。二审改判无罪，以及二审发回重审后作无罪处理的，作出一审有罪判决的人民法院为赔偿义务机关。

第二，递交申请。赔偿请求表现为赔偿申请书，内容包括：首先，受害人的具体情况，如姓名、性别、年龄、单位、职务、住所等；其次，具体要求、事实根据和赔偿理由；最后，具体时间，写明年月日。此外，赔偿请求人书写申请书确有困难，可委托他人代书，也可口头申请，由赔偿义务机关记入笔录。

第三，赔偿决定。自收到赔偿申请之日起两个月内，刑事赔偿义务机关应作出是否赔偿的决定。如果决定赔偿，赔偿义务机关还应制作赔偿决定书，并自作出决定之日起十日内送达赔偿请求人；如果不予赔偿，赔偿义务机关应自作出决定之日起十日内书面通知赔偿请求人，并说明理由。

第四，赔偿救济。在规定期限内，赔偿义务机关未作出是否赔偿决定，赔偿请求人可自期限届满之日起三十日内，向赔偿义务机关的上一级机关申请复议。此外，赔偿请求人对赔偿方式、项目、数额有异议，或者赔偿义务机关作出不予赔偿决定，赔偿请求人可自赔偿义务机关作出赔偿或者不予赔偿决定之日起三十日内，向赔偿义务机关的上一级机关申请复议。赔偿义务机关是人民法院的，赔偿请求人可向其上一级人民法院赔偿委员会申请作出赔偿决定。

5. 侵犯公民人身自由的赔偿标准是什么？

根据法律规定，国家机关及其工作人员侵犯公民人身自由，赔偿义务机关应按照国家上年度职工日平均工资予以赔偿。上年度，是指赔偿义务机关作出赔偿决定时的上一年度，如果复议机关或者人民法院赔偿委员会改变原赔偿决定，则按照新作出决定时的上一年度国家职工平均工资标准计算人身自由赔偿金。

此外，如果作出赔偿决定、复议决定时国家上一年度职工平均工资尚未公布，则以已经公布的最近年度职工平均工资为准。

6. 国家不承担赔偿责任的情形有哪些？

国家不承担行政赔偿责任的情形，具体包括：第一，行政机关工作人员与行使职权无关的个人行为，如城管在下班后非法暴力殴打商贩；第二，因公民、法人和其他组织自己的行为致使损害发生，如商贩自残行为；第三，法律规定的其他情形，如意外事件、正当防卫、紧急避险等。

国家不承担刑事赔偿责任的情形，具体包括：第一，公民自己故意作虚伪供述，或者伪造其他有罪证据被羁押或者被判处刑罚；第二，不负刑事责任的人被羁押，如不满十六周岁的人实施盗窃行为而被羁押；第三，不追究刑事责任的人被羁押，如成年人实施的犯罪已过追诉时效期限，却被羁押；第四，行使侦查、检察、审判职权的机关以及看守所、监狱管理机关的工作人员与行使职权无关的个人行为，如监狱管理人员辱骂、殴打被羁押人员；第五，因公民自伤、自残等故意行为致使损害发生；第六，法律规定的其他情形。

第二章　民法典

第一节　总则编

1. 民事行为能力如何划分?

民事行为能力，是指民事主体能够以自己的行为取得民事权利、承担民事义务的资格。具体划分：

公民的民事行为能力：不满八周岁的公民是无民事行为能力人；八周岁以上不满十八周岁的公民是限制民事行为能力人；十八周岁以上的公民是完全民事行为能力人；十六周岁以上不满十八周岁的公民，如果以自己的劳动收入为主要生活来源，则视为完全民事行为能力人。与此同时，法律还专门对成年人的民事行为能力予以规定，即不能完全辨认自己行为的成年人是限制民事行为能力人，不能辨认自己行为的成年人是无民事行为能力人。

法人的民事行为能力：从法人成立时产生，至法人终止时消灭。换言之，法人在依法成立后，即具备相应的民事行为能力。

2. 监护的内容有哪些?

监护，是指监管、保护限制民事行为能力人和无民事行为能力人合法权益的民事法律制度。

未成年人的监护：父母是未成年子女的监护人。未成年人的父母已经死亡或者没有监护能力的，由下列有监护能力的人按顺序担任监护人：第一，祖父母、外祖父母；第二，兄、姐；第三，其他愿意担任监护人的个人或者组织，但是须经未成年人住所地的居民委员会、村民委员会或者民政部门同意。

无民事行为能力或者限制民事行为能力的成年人，由下列有监护能力的人按顺序担任监护人：第一，配偶；第二，父母、子女；第三，其他近亲属；第四，其他愿意担任监护人的个人或者组织，但是须经被监护人住所地的居民委员会、村民委员会或者民政部门同意。

此外，对监护人的确定有争议的，由被监护人住所地的居民委员会、村民委员会或者民政部门指定监护人，有关当事人对指定不服的，可以向人民法院申请指定监护人；有关当事人也可以直接向人民法院申请指定监护人；没有依法具有监护资格的人的，监护人由民政部门担任，也可以由具备履行监护职责条件的被监护人住所地的居民委员会、村民委员会担任。

3. 宣告失踪、宣告死亡的情形有哪些？

宣告失踪、死亡，是指公民出现法律规定的宣告失踪、死亡的情形，经利害关系人申请，由人民法院宣告其失踪或死亡的法律制度。

宣告失踪的情形：下落不明满二年。自然人下落不明的时间自其失去音讯之日起计算。战争期间下落不明的，下落不明的时间自战争结束之日或者有关机关确定的下落不明之日起计算。

宣告死亡的情形：下落不明满四年；因意外事件，下落不明满二年；因意外事件下落不明，经有关机关证明该自然人不可能生存的，申请宣告死亡不受二年时间的限制。

需要注意的是，被宣告失踪或死亡的人重新出现，经本人或者利害关系人申请，人民法院应当撤销对他的失踪宣告或死亡宣告。

4. 法人成立的条件有哪些？

法人，是指具有民事权利能力和民事行为能力，依法独立享有民事权利和承担民事义务的组织。

法人成立的条件，具体包括：第一，依法成立。即法人的设立方式、审核程序、组织机构、经营范围等都必须符合法律规定。第二，有必要的财产或者经费。即法人必须有一定的物质基础，以开展相应的民事活动。第三，有自己的名称、组织机构和住所。名称是法人拥有独立人格的标准，机构是法人对内管理事务、对外活动的组织，住所则是法人从事生产经营活动的地点。第四，能够独立承担民事责任。即法人能够对自身的民事行为所产生的法律后果承担全部法律责任。

需要注意的是，法定代表人是代表法人行使职权的负责人，是依照法律或者法人组织章程规定产生的。

5. 无效的民事行为有哪些？

无效的民事行为，从行为开始起就没有法律约束力。如果民事行为部分无效，则并不影响其他部分的效力的，其他部分仍然有效。

无效的民事行为，具体包括：第一，无民事行为能力人实施的。如未满八周岁的公民与他人签订的货物买卖合同。第二，限制民事行为能力人依法不能独立实施的且未经法定代理人同意或者追认的。如不能完全辨认自己行为的精神病人与他人签订的房屋出租合同。第三，行为人与相对人以虚假的意思表示实施的民事法律行为。第四，违反法律、行政法规强制性规定的民事法律行为无效，如保险公司的格式合同加重对方责任，但是，该强制性规定不导致该民事法律行为无效的除外。第五，违背公序良俗的民事法律行为无效。第六，行为人与相对人恶意串通，损害他人合法权益的民事法律行为无效，如夫妻假离婚，获取单位分房指标。

需要注意的是，民事行为被确认为无效后，当事人因该行为取得的财产，应当返还给受损失的一方；不能返还或者没有必要返还的，应当折价补偿。有过错的一方应当赔偿对方因此所受的损失，双方都有过错的，应当各自承担相应的责任。

6. 代理的内容有哪些？

代理，即代理人在代理权限内以被代理人的名义实施民事法律行为，并对被代理人发生效力。

代理法律关系确立后，代理人应积极履行职责，切实维护被代理人利益。否则，代理人将承担一定的民事责任，具体包括：第一，代理人不履行或者不完全履行职责而给被代理人造成损害，应承担民事责任；第二，代理人和相对人恶意串通，损害被代理人合法权益的，代理人和相对人应当承担连带责任。

对于无权代理，即没有代理权、超越代理权或者代理权终止后的行为，只有经被代理人追认，才对被代理人发生效力。相对人可以催告被代理人自收到通知之日起三十日内予以追认。被代理人未作表示的，视为拒绝追认。如果被代理人不予追认，则由行为人承担民事责任。善意相对人有权请求行为人履行债务或者就其受到的损害请求行为人赔偿。但是，赔偿的范围不得超过被代理人追认时相对人所能获得的利益。相对人知道或者应当知道行为人无权代理的，相对人和行为人按照各自的过错承担责任。

对于非法代理，即代理人知道或应当知道被委托代理的事项违法仍然进行代理活动，或者被代理人知道或应当知道代理人的代理行为违法却不表示反对，应由被代理人和代理人承担连带责任。

7. 债产生的原因有哪些？

债，即当事人之间产生的特定权利义务关系，享有权利的人是债权人，负有义务的人是债务人，债权人有权要求债务人履行义务。债产生的原因，主要包括：

第一，合同约定。即当事人之间设立、变更或解除民事法律关系的共同意思表示，是产生债的主要原因。如甲某与乙某订立汽车买卖合同，二人随即建立债权债务关系。甲某作为出卖人，应向乙某交付汽车；乙某作为买受人，应向甲某支付价款。

第二，侵权行为。即民事主体违反民事义务，侵害他人合法权益，依法承担民事责任的行为，是产生债的重要原因。如甲某喝酒后无端殴打行人乙某，致使乙某肩部受伤住进医院，甲某应承担乙某的医疗费用，并赔偿其他损失。

第三，不当得利。即缺乏合法依据而获得相关利益，并使他人利益遭受损失的行为。如甲某拾得乙某丢失的硬盘，便据为己有。硬盘作为遗失物，应归乙某所有，甲某应向乙某返还硬盘。

第四，无因管理。即为使他人利益免受损失，而主动管理他人事务的行为。因外出务工，甲某养的牲口无人照看，乙某便妥善照料，花费近千元，其行为构成无因管理，甲某应向乙某支付照料牲口的费用。

8. 民事责任的承担方式有哪些？

民事责任，即公民、法人或者其他组织在民事活动中，因实施民事违法行为而承担不利的民事法律后果。

民事责任的承担方式，具体包括：第一，停止侵害，如村民铲除自己在他人耕地上所种植的农作物；第二，排除妨碍，如居民挪走自己放在电梯口的杂物；第三，消除危险，如房屋所有人修缮房屋，消除危房对邻居的安全隐患；第四，返还财产，如无权占有人将财产返还给所有权人；第五，恢复原状，如村民清理自己私设的路障，使道路恢复畅通；第六，修理、重作、更换，如商场销售人员为消费者更换有瑕疵的羽绒衣；第七，继续履行，如房屋出卖方因房产增值而毁约，买受方可以要求其继续履行合同；第八，赔偿损失，如借用人丢失他人所用的劳动工具，而向其支付赔偿金；第九，支付违约金，如交房标准不符合要求，房地产开发商向业主支付违约金；第十，消除影响、恢复名誉，如侵权人在当地报纸上刊登致歉信；第十一，赔礼道歉，如行为人亲属向受害人登门赔礼道歉，以求得受害人及其家属谅解。上述民事责任的承担方式，可单独适用，也可合并适用。

9. 诉讼时效的内容有哪些？

诉讼时效，是指民事权利受到侵害的公民、法人或者其他组织在法定时效期间内未主张权利，待时效期间届满后，人民法院则对其民事权利不予保护的制度。法律之所以规定诉讼时效，在于督促公民、法人或者其他组织及时主张权利，维护权益。

诉讼时效期限：向人民法院请求保护民事权利的诉讼时效期间为三年。法律另有规定的，依照其规定。诉讼时效期间自权利人知道或者应当知道权利受到损害以及义务人之日起计算。法律另有规定的，依照其规定。但是，自权利受到损害之日起超过二十年的，人民法院不予保护，有特殊情况的，人民法院可以根据权利人的申请决定延长。

诉讼时效中止：在诉讼时效期间的最后六个月内，因下列障碍，不能行使请求权的，诉讼时效中止：第一，不可抗力；第二，无民事行为能力人或者限制民事行为能力人没有法定代理人，或者法定代理人死亡、丧失民事行为能力、丧失代理权；第三，继承开始后未确定继承人或者遗产管理人；第四，权利人被义务人或者其他人控制；第五，其他导致权利人不能行使请求权的障碍。自中止时效的原因消除之日起满六个月，诉讼时效期间届满。

诉讼时效中断：有下列情形之一的，诉讼时效中断，从中断、有关程序终结时起，诉讼时效期间重新计算：第一，权利人向义务人提出履行请求；第二，义务人同意履行义务；第三，权利人提起诉讼或者申请仲裁；第四，与提起诉讼或者申请仲裁具有同等效力的其他情形。

另外，下列请求权不适用诉讼时效的规定：第一，请求停止侵害、排除妨碍、消除危险；第二，不动产物权和登记的动产物权的权利人请求返还财产；第三，请求支付抚养费、赡养费或者扶养费；第四，依法不适用诉讼时效的其他请求权。

第二节 物权编

1. 共有的内容有哪些?

共有,即两个或两个以上组织、个人就同一财产共同享有所有权。

共有类型:按份共有,即按份共有人对共有的不动产或者动产按照其份额享有所有权;共同共有,即共同共有人对共有的不动产或者动产共同享有所有权,如夫妻共有财产、家庭共有财产。

共有财产处分:应经占份额三分之二以上的按份共有人或者全体共同共有人同意,但共有人之间另有约定的除外。

共有财产分割:约定不得分割并维持共有关系的,应按照约定,但共有人可以重大理由请求分割;没有约定或者约定不明的,按份共有人可随时请求分割,共同共有人在共有关系丧失或者具有重大理由时,可请求分割。需要注意的是,因分割对其他共有人造成损害的,应当给予赔偿。

共有财产分割方式:共有人可以协商确定分割方式。达不成协议,共有的不动产或者动产可以分割且不会因分割减损价值的,应当对实物予以分割;难以分割或者因分割会减损价值的,应当对折价或者拍卖、变卖取得的价款予以分割。

按份共有人优先权:按份共有人可以转让其享有的共有的不动产或者动产份额,其他共有人在同等条件下享有优先购买的权利。

2. 善意取得要件有哪些？

善意取得要件，具体包括：第一，无处分权人将财产转让给受让人，即转让人对该财产不享有任何处分的权利；第二，受让人受让该财产时是善意，即受让人并不知晓转让人无权处分该财产的事实；第三，受让人是以合理的价格接受该财产转让，即受让人并非以明显低于市场价格接受该财产转让；第四，转让的不动产或者动产依照法律规定应当登记的已经登记，不需要登记的已经交付给受让人。

需要注意的是，善意取得一旦发生，受让人即取得该财产的所有权，原所有权人即丧失对该财产的所有权，但可向转让人请求损害赔偿。如赵某从刘某处借得一幅古画，悬挂于家中书房。拜访赵某的罗某见此古画，爱不释手，便要赵某转卖给自己，赵某以不低于市场价格将其出让。罗某遂装裱古画，准备对外参加展览。不久，刘某在展览会上认出古画，即与罗某引发争执。由此可知，罗某基于善意取得已获得古画的所有权，刘某只能向赵某请求损害赔偿。

3. 法律规定不得抵押的财产有哪些？

法律规定不得抵押的财产，具体包括：

第一，土地所有权。我国土地所有权包括国有土地所有权和集体土地所有权，通过出让等方式取得的集体经营性建设用地使用权可以转让、互换、出资、赠与或者抵押，但法律、行政法规另有规定或者土地所有权人、土地使用权人签订的书面合同另有约定的除外。

第二，宅基地、自留地、自留山等集体所有的土地使用权，但法律规定可以抵押的除外。为落实农村土地的用益物权，赋予农民更多财产权利，国家开始允许部分农村探索通过抵押土地承包经营权、宅基地使用权来获得贷款。

第三，学校、幼儿园、医疗机构等以公益为目的成立的非营利法人的教育设施、医疗卫生设施和其他公益设施。由此可知，图书馆、科技馆、博物馆、美术馆等用于公益目的的建筑设施也不得抵押。

第四，所有权、使用权不明或者有争议的财产。如果将产权不明或有争议的财产进行抵押，就可能侵犯所有权人或使用权人的合法权利并引发矛盾和纠纷，不利于社会的稳定。

第五，依法被查封、扣押、监管的财产。这些财产的合法性尚处于不确定状态，国家法律不能予以确认和保护，不得抵押。

第六，法律、行政法规规定不得抵押的其他财产。此为兜底性条款。

4. 房屋所有权取得方式有哪些？

房屋所有权，即权利人对房屋所享有的占有、使用、收益和处分的权利。如权利人将房屋锁住，以示占有；权利人在房屋居住，表明使用；权利人将房屋出租，获取收益；权利人将房屋出售，予以处分。房屋所有权取得方式，具体包括：一方面，原始取得。即权利人因法律事实而获得房屋所有权。如合法建造房屋、拆除房屋等。另一方面，继受取得。即权利人因法律行为而获得房屋所有权，如房屋买卖、房屋继承、房屋赠与等。

在房屋交易过程中，买受人向出卖人交付房款，出卖人向买受人交付钥匙,但买受人仍未取得房屋所有权。根据法律规定,不动产物权的设立、变更、转让和消灭,须经有关部门登记后,才能发生物权效力,未经登记,不发生物权效力。由此可知,买受人若想取得房屋所有权,在向买受人交付房款后,还需去房屋登记部门办理房产登记,待登记事项办结后,才能取得房屋所有权。

5. 业主共同决定的事项有哪些?

业主共同决定的事项,具体包括:第一,制定和修改业主大会议事规则;第二,制定和修改管理规约;第三,选举业主委员会或者更换业主委员会成员;第四,选聘和解聘物业服务企业或者其他管理人;第五,使用建筑物及其附属设施的维修资金;第六,筹集建筑物及其附属设施的维修资金;第七,改建、重建建筑物及其附属设施;第八,改变共有部分的用途或者利用共有部分从事经营活动;第九,有关共有和共同管理权利的其他重大事项。

业主共同决定事项,应当由专有部分面积占比三分之二以上的业主且人数占比三分之二以上的业主参与表决。决定上述第六项至第八项规定的事项,应当经参与表决专有部分面积四分之三以上的业主且参与表决人数四分之三以上的业主同意。决定上述其他事项,应当经参与表决专有部分面积过半数的业主且参与表决人数过半数的业主同意。

6. 什么是预告登记?

预告登记,即当事人签订买卖房屋或者其他不动产物权的协议,为确保将来物权的实现,按照约定向登记机构申请预告登记。

预告登记后，未经预告登记的权利人同意，处分该不动产的，不发生物权效力。如在商品房预售中，购房者可以就尚未建成的住房进行预告登记，以对抗房地产开发商的再次出售、予以抵押等行为。

此外，当事人在预告登记后，如果债权消灭或者自能够进行不动产登记之日起九十日内未申请登记的，预告登记随即失效。

第三节　合同编

1. 要约能否撤销？

要约可以撤销。但在下列情形下，要约不得撤销：第一，要约人以确定承诺期限或者其他形式明示要约不可撤销；第二，受要约人有理由认为要约是不可撤销的，并已经为履行合同作了准备工作。如要约人向受要约人发出"请即刻准备两百吨大白菜"的要约，受要约人当即准备好一百吨大白菜，由于受要约人已为履行合同作了相应准备，该要约不得撤销。

2. 缔约过失的情形有哪些？

缔约过失的情形，具体包括：第一，假借订立合同，恶意进行磋商。即行为人本无与对方订立合同之目的，与对方磋商仅是借口，其真实目的是损害对方或者他人利益。第二，故意隐瞒与订立合同有关的重要事实或者提供虚假情况。即行为人故意隐瞒财产状况、履约能力、产品瑕疵等内容或者故意提供虚假情况。第三，泄露或者不正当使用在订立合同过程中知悉的商业秘密，或者其他应当保密的信息。如行为人将商业秘密透露给他人，或者未经授权而使用该秘密或将秘密转给让他人。第四，其他违背诚实信用原则的行为。如行为人违反有效的要约或要约邀请、违反初步的协议或许诺、订约阶段未尽到相关义务等。

3. 行使不安抗辩权的情形有哪些？

不安抗辩权，即当事人互负债务并有先后履行顺序，先履行的一方有确切证据表明另一方丧失履行债务能力，在对方没有履行或者没有提供担保之前，有权中止履行合同的权利。法律作此规定，是为了保护先履行合同方的权益，防止后履行合同方借此欺诈。

行使不安抗辩权的情形，具体包括：第一，对方经营状况严重恶化；第二，对方转移财产、抽逃资金，以逃避债务；第三，对方丧失商业信誉；第四，对方有丧失或者可能丧失履行债务能力的其他情形。此外，当事人没有确切证据中止履行的，应当承担违约责任。

4. 解除合同的情形有哪些？

解除合同，即合同成立后，因当事人一方或双方的意思表示使合同权利义务归于消灭的行为。解除合同的情形，具体包括：第一，因不可抗力致使不能实现合同目的，合同失去意义，应归于消灭；第二，毁约行为，即在履行期限届满之前，当事人一方明确表示或者以自己的行为表明不履行主要债务；第三，债务人迟延履行，即当事人一方迟延履行主要债务，经催告后在合理期限内仍未履行；第四，当事人一方迟延履行债务或者有其他违约行为致使不能实现合同目的;第五,法律规定的其他情形。

以持续履行的债务为内容的不定期合同,当事人可以随时解除合同,但是应当在合理期限之前通知对方。

5. 债权人提起代位权诉讼的条件有哪些?

代位权诉讼,即因债务人怠于行使其债权或者与该债权有关的从权利,影响债权人的到期债权实现的,债权人可以向人民法院请求以自己的名义代位行使债务人对相对人的权利,但是该权利专属于债务人自身的除外。债权人提起代位权诉讼的条件,具体包括:第一,债权人对债务人的债权或者与该债权有关的从权利合法;第二,债权人的债权或者与该债权有关的从权利已到期;第三,债务人怠于行使其债权或者与该债权有关的从权利,影响债权人的到期债权实现;第四,债务人的债权不是专属于债务人自身的债权,即排除因扶养关系、抚养关系、赡养关系、继承关系产生的给付请求权和劳动报酬、退休金、养老金、抚恤金、安置费、人寿保险、人身伤害赔偿请求权等权利。

代位权的行使范围以债权人的债权为限,债权人行使代位权的必要费用由债务人负担。

6. 出卖人的义务是什么?

出卖人的义务:第一,交付标的物并转移标的物所有权于买受人,动产予以交付,不动产予以登记;第二,标的物的瑕疵担保义务,即出卖人应保证标的物符合合同约定或者法律确定标准;第三,权利的瑕疵担保义务,即出卖人应保证第三人不得向买受人主张任何权利，但是法律另有规定的除外；第四，交付有关单证和资料，即出卖人应按照合同约定或者交易习惯向买受人交付单证及资料。

7. 租赁合同的规定主要有哪些?

租赁合同的规定主要包括：第一，租赁期限。出租人和承租人可约定租赁期限，但最长不得超过二十年，超出部分无效。第二，合同形式。租赁期限超过六个月的，应采用书面形式。当事人未采用书面形式，又无法确定租赁期限的，视为不定期租赁，当事人双方可随时解除合同。第三，维修义务。出租人作为租赁物的权利人，负有及时维修义务，但是当事人另有规定的除外。此外，承租人在租赁期限内可要求出租人维修租赁物，出租人未履行维修义务的，承租人可自行维修，相关费用由出租人承担。第四，保管义务。承租人作为租赁物的使用人，当然负有妥善保管义务。此外，承租人在租赁期间因保管不善造成租赁物毁损、灭失的，应承担损害赔偿责任。第五，转租行为。未经出租人同意，承租人不得将租赁物出租给第三人，出租人可解除原租赁合同。经出租人同意，承租人可将租赁物转租给第三人，原租赁合同继续有效。

8. 撤销赠与合同的情形有哪些?

赠与合同，即赠与人将自己的财产无偿赠予受赠人，受赠人表示接受赠与的合同。撤销赠与合同的情形，具体包括：第一，在赠与财产的权利转移之前可以撤销赠与；第二，受赠人严重侵害赠与人或者赠与人的近亲属；第三，受赠人对赠与人有扶养义务而不履行；第四，受赠人不履行赠与合同约定的义务。

撤销赠与合同的主体是赠与人，其撤销赠与合同的权利自知道或者应当知道撤销事由之日起一年内行使。

第四节　婚姻家庭与继承编

1. 结婚的条件有哪些？

我国实行婚姻自由、一夫一妻、男女平等的婚姻制度。结婚的条件，具体包括：第一，男女双方完全自愿，任何一方都不得对他方加以强迫并且任何第三者都不得加以干涉；第二，男不得早于二十二周岁，女不得早于二十周岁；第三，男女双方必须亲自到婚姻登记机关即民政部门进行结婚登记。

2. 婚姻无效的情形有哪些？

婚姻无效的情形，具体包括：第一，重婚，即有配偶者再次与他人结婚；第二，有禁止结婚的亲属关系，即直系血亲和三代以内的旁系血亲禁止结婚；第三，未到法定婚龄的，即男方早于二十二周岁，女方早于二十周岁。

3. 夫妻共同所有的财产有哪些？

夫妻共同所有的财产，即在婚姻关系存续期间，夫妻的共同财产。具体包括：第一，工资、奖金、劳务报酬；第二，生产、经营、投资的收益；第三，知识产权的收益；第四，继承或受赠的财产，但遗嘱或赠与合同中确定只归夫或妻一方的财产除外；第五，其他应当归共同所有的财产。

4. 夫妻一方所有的财产有哪些？

夫妻一方所有的财产，具体包括：第一，一方的婚前财产，如女方婚前自买的房屋；第二，一方因受到人身损害获得的赔偿或者补偿，如一方因身体受到伤害获得的医疗费、残疾人生活补助费等费用；第三，遗嘱或赠与合同中确定只归夫或妻一方的财产；第四，一方专用的生活用品，如男方专用的剃须刀；第五，其他应当归一方的财产。

夫妻可以约定婚姻关系存续期间所得的财产以及婚前财产归各自所有、共同所有或部分各自所有、部分共同所有，该约定对双方均具有约束力。约定应当采用书面形式。

5. 离婚的内容有哪些？

婚姻登记机关查明双方确实是自愿离婚，并已经对子女抚养、财产以及债务处理等事项协商一致的，予以登记，发给离婚证。需要注意的是，如果一方同意离婚，而另一方不同意离婚，可由相关部门调解或直接向人民法院提起离婚诉讼。

人民法院审理离婚案件，经调解无效，准予离婚的情形：第一，重婚或与他人同居；第二，实施家庭暴力或虐待、遗弃家庭成员；第三，有赌博、吸毒等恶习屡教不改；第四，因感情不和分居满二年；第五，其他导致夫妻感情破裂的情形。与此同时，一方被宣告失踪，另一方提出离婚诉讼，人民法院应准予离婚。

离婚的特殊情形：第一，现役军人的配偶要求离婚，须征得军人同意，但军人一方有重大过错的除外；第二，女方在怀孕期间、分娩后一年内或中止妊娠后六个月内，男方不得提出离婚。女方提出离婚，或人民法院认为确有必要受理男方离婚请求的除外。

6. 父母与子女的关系是否因离婚而受影响?

父母与子女的关系不因离婚而受任何影响。离婚后，父母与子女的关系依然存在，父母对子女仍有抚养、教育、保护的权利和义务。此外，子女无论由父还是母直接抚养，仍是父母双方的子女。

抚养权的确定：离婚后，不满两周岁的子女，以由母亲直接抚养为原则。已满两周岁的子女，父母双方对抚养问题协议不成的，由人民法院根据双方的具体情况，按照最有利于未成年子女的原则判决。子女已满八周岁的，应当尊重其真实意愿。

抚养费的达成：离婚后，一方抚养的子女，另一方应负担部分或全部抚养费，负担费用的多少和期限的长短，由双方协议；协议不成时，由人民法院依法判决。此外，必要时，子女可就抚养费向父母任何一方提出超过协议或判决原定数额的合理要求。

探望权的行使：离婚后，不直接抚养子女的父或母，有探望子女的权利，另一方有协助的义务。此外，行使探望权利的方式、时间由当事人协议；协议不成时，由人民法院判决。父或母探望子女，如果不利于子女身心健康，应由人民法院依法中止探望的权利，待中止事由消失后，应当恢复探望。

7. 遗产法定继承顺序是怎样的?

在没有遗嘱的情况下，遗产按照法定继承顺序依次继承：第一顺序的继承人包括配偶、子女、父母；第二顺序的继承人包括兄弟姐妹、祖父母、外祖父母。继承开始后，先由第一顺序继承人继承遗产，第二顺序继承人不继承；在没有第一顺序继承人继承的情况下，才由第二顺序继承人继承遗产。

第一顺序继承人中的子女包括婚生子女、非婚生子女、养子女和有扶养关系的继子女；父母包括生父母、养父母和有扶养关系的继父母。第二顺序继承人中的兄弟姐妹包括同父母的兄弟姐妹、同父异母或者同母异父的兄弟姐妹、养兄弟姐妹、有扶养关系的继兄弟姐妹。

8. 遗嘱应当符合哪些条件?

被继承人可以立遗嘱对遗产进行分配。但是，遗嘱必须符合法律规定的条件和程序。按照我国法律规定，遗嘱包括自书遗嘱、代书遗嘱、打印遗嘱、录音录像遗嘱、口头遗嘱、公证遗嘱。不同类型的遗嘱需要具备相应的法律要件。

自书遗嘱应当由遗嘱人亲笔书写，并签名，注明年、月、日。代书遗嘱应当有两个以上的见证人在场见证，由其中一人代书，并由遗嘱人、代书人和其他见证人签名，注明年、月、日。打印遗嘱应当有两个以上见证人在场见证。遗嘱人和见证人应当在遗嘱每一页签名，注明年、月、日。以录音录像形式立的遗嘱，应当有两个以上见证人在场见证。遗嘱人和见证人应当在录音录像中记录其姓名或者肖像，以及年、月、日。遗嘱人在危急情况下，可以立口头遗嘱。口头遗嘱应当有两个以上见证人在场见证。危急情况消除后，遗嘱人能够以书面或者录音录像形式立遗嘱的，所立的口头遗嘱无效。公证遗嘱则必须由遗嘱人经公证机构办理。

9. 遗产管理人应当履行的职责有哪些？

继承开始后，遗嘱执行人为遗产管理人。没有遗嘱执行人的，继承人应当及时推选遗产管理人。继承人未推选的，由继承人共同担任遗产管理人。没有继承人或者继承人均放弃继承的，由被继承人生前住所地的民政部门或者村民委员会担任遗产管理人。

遗产管理人应当履行下列职责：（1）清理遗产并制作遗产清单；（2）向继承人报告遗产情况；（3）采取必要措施防止遗产毁损、灭失；（4）处理被继承人的债权债务；（5）按照遗嘱或者依照法律规定分割遗产；（6）实施与管理遗产有关的其他必要行为。作为遗产管理人，应当依法履行职责。如果遗产管理人存在故意或者重大过失，给继承人、受遗赠人、债权人造成损害的，遗产管理人应当承担民事责任。同时，遗产管理人可以依照法律规定或者按照当事人之间的约定获得相应的报酬。

10. 继承人丧失继承权的情形有哪些？

继承人故意杀害被继承人或者为争夺遗产而杀害其他继承人，丧失继承权。继承人存在遗弃被继承人，或者虐待被继承人；伪造、篡改、隐匿或者销毁遗嘱；以欺诈、胁迫手段迫使或者妨碍被继承人设立、变更或者撤回遗嘱的行为，并且情节严重的，丧失继承权。在后三种情形里，如果继承人确有悔改表现，而且被继承人表示宽恕或者事后在遗嘱中将其列为继承人的，该继承人不丧失继承权。

第五节　侵权责任编

1. 教唆、帮助他人实施侵权行为的责任是什么？

教唆、帮助他人实施侵权行为的，应当与行为人承担连带责任。如甲某教唆乙某向路人丙某投掷石块，致使丙某头部受伤。对于丙某的人身损害，甲某与乙某应承担连带责任。再如甲某帮助乙某侵占所有人为丙某的汽车，致使丙某遭受损失。对于丙某的经济损失，甲某与乙某应承担连带责任。

教唆、帮助无民事行为能力人、限制民事行为能力人实施侵权行为的，也应当承担侵权责任。如果该无民事行为能力人、限制民事行为能力人的监护人未尽到监护责任的，应当承担相应的责任。

2. 人身损害赔偿的内容有哪些？

侵害他人造成人身损害的，应当赔偿医疗费、护理费、交通费、营养费、住院伙食补助费等为治疗和康复支出的合理费用以及因误工减少的收入；造成残疾的，还应当赔偿辅助器具费和残疾赔偿金；造成死亡的，还应当赔偿丧葬费和死亡赔偿金。此外，因同一侵权行为造成多人死亡的，可以以相同数额确定死亡赔偿金。

当同一侵权行为造成多人死亡时，可以以相同数额确定死亡赔偿金。

3. 不承担侵权责任的情形有哪些?

不承担侵权责任的情形，具体包括：第一，因受害人故意造成损害，行为人不承担侵权责任。如碰瓷行为。第二，因第三人造成损害，由第三人承担侵权责任。如第三人将受害人推向机动车道，致使受害人被行为人驾驶的汽车撞伤，行为人不承担侵权责任。第三，自愿参加具有一定风险的文体活动，因其他参加者的行为受到损害的，受害人不得请求其他参加者承担侵权责任。但是，其他参加者对损害的发生有故意或者重大过失的除外。第四，因不可抗力造成他人损害，不承担责任。如山洪暴发冲毁房屋，损失是由自然灾害引起，不存在责任主体。第五，因正当防卫造成损害，正当防卫人不承担民事责任。如果正当防卫超过必要限度并造成不应有的损害，正当防卫人应承担适当的侵权责任。第六，因紧急避险造成损害的，由引起险情发生的人承担民事责任。危险由自然原因引起的，紧急避险人不承担民事责任，可以给予适当补偿。紧急避险采取措施不当或者超过必要的限度，造成不应有的损害的，紧急避险人应当承担适当的民事责任。第七，因自愿实施紧急救助行为造成受助人损害的，救助人不承担民事责任。

4. 推定医疗机构存在过错的情形有哪些?

医疗损害责任是过错责任，即患者在诊疗活动中受到损害，医疗机构或者其医务人员存在过错的，由医疗机构承担赔偿责任。推定医疗机构存在过错的情形，具体包括：第一，违反法律、行政法规、规章以及其他有关诊疗规范的规定；第二，隐匿或者拒绝提供与纠纷有关的病历资料；第三，遗失、伪造、篡改或者违法销毁病历资料。需要注意的是，推定医疗机构有过错的前提是医疗机构或者其医务人员给患者造成人身或财产上的损害。

5. 环境污染和生态破坏责任的内容有哪些？

环境污染和生态破坏责任的内容，具体包括：第一，在责任归属上，因污染环境、破坏生态造成他人损害的，侵权人应当承担侵权责任。第二，在举证责任的承担上，因污染环境、破坏生态发生纠纷，行为人应当就法律规定的不承担责任或者减轻责任的情形及其行为与损害之间不存在因果关系承担举证责任。第三，在责任承担的大小上，两个以上侵权人污染环境、破坏生态的，承担责任的大小，根据污染物的种类、浓度、排放量，破坏生态的方式、范围、程度，以及行为对损害后果所起的作用等因素确定。第四，在连带责任上，因第三人的过错污染环境、破坏生态的，被侵权人可以向侵权人请求赔偿，也可以向第三人请求赔偿。侵权人赔偿后，有权向第三人追偿。第五，在生态环境修复责任方面，违反国家规定造成生态环境损害，生态环境能够修复的，国家规定的机关或者法律规定的组织有权请求侵权人在合理期限内承担修复责任。侵权人在期限内未修复的，国家规定的机关或者法律规定的组织可以自行或者委托他人进行修复，所需费用由侵权人负担。

6. 饲养动物损害责任的内容有哪些?

饲养动物损害责任的内容，具体包括：

第一，饲养动物致他人损害，动物饲养人或者管理人原则上应承担侵权责任。如果有证据证明该损害是由被侵权人故意或者重大过失造成的，可不承担或者减轻责任。如受害人多次挑逗正处于发情期的公狗，受害人私自进入饲养动物的他人宅院等。

第二，动物饲养人或者管理人违反管理规定，未对动物采取安全措施造成他人损害，应承担侵权责任。如马戏团饲养员违反管理规定，私自带领猴子上街，挠伤行人。对此，该马戏团应承担侵权责任。但是，能够证明损害是因被侵权人故意造成的，可以减轻责任。

第三，禁止饲养的烈性犬等危险动物造成他人损害，动物饲养人或者管理人应承担侵权责任。如甲在厂区饲养藏獒，咬伤多名职工。对此，甲应承担侵权责任。

第四，动物园的动物造成他人损害，动物园应承担侵权责任，但能证明尽到管理职责，不承担责任。如动物园为防止游客逃票进入园区，在四周修筑近五米的高墙，并在墙上显著位置设置警示标识。一游客置危险于不顾，擅自翻墙跳入虎园，被其咬死。对此，动物园不承担责任。

第五，遗弃、逃逸的动物在遗弃、逃逸期间造成他人损害，由动物原饲养人或者管理人承担侵权责任。如甲将自己饲养的金毛故意丢弃于市区，因受到惊吓，该金毛咬伤路人。对此，该公民应承担侵权责任。

第六，因第三人过错致使动物造成他人损害，被侵权人可向动物饲养人或者管理人请求赔偿，也可向第三人请求赔偿。动物饲养人或者管理人赔偿后，有权向第三人追偿。如甲某故意挑逗乙某的狗，致使路过的丙某被狗咬伤。对此，丙某可向甲某或乙某请求赔偿。如果乙某向丙某作出赔偿，可向甲某追偿。

第七，饲养动物应当遵守法律法规，尊重社会公德，不得妨碍他人生活。

第三章　商　法

第一节　公司法

1. 有限责任公司的设立条件有哪些?

有限责任公司的设立条件,具体包括:第一,股东符合法定人数。有限责任公司的股东人数为二人以上五十人以下。但一人有限责任公司的股东仅为一个自然人或法人。第二,有符合公司章程规定的全体股东认缴的出资额。有限责任公司的注册资本为在公司登记机关登记的全体股东认缴的出资额。第三,股东共同制定公司章程。有限责任公司的章程应载明公司名称和住所、经营范围、注册资本、股东的姓名或者名称、法定代表人、股东出资方式、股东出资额、股东出资时间、公司机构及其产生办法、职权、议事规则等内容。第四,有公司名称,建立符合有限责任公司要求的组织机构,即股东会、董事会、监事会等组织机构。第五,有公司住所,即公司存在主要办事机构所在地。

2. 股份有限公司的设立方式有哪些?

股份有限公司的设立方式,具体包括:

第一,发起设立,即由发起人认购公司应发行的全部股份而设立公司。注册资本为在公司登记机关登记的全体发起人认购的股本总额。在发起人认购的股份缴足前，不得向他人募集股份。此外，发起人还应书面认足公司章程规定其认购的股份，并按照公司章程规定缴纳出资。如果以非货币财产出资，则应依法办理其财产权的转移手续。

第二，募集设立，即由发起人认购公司应发行股份的一部分，其余股份向社会公开募集或者向特定对象募集而设立公司。注册资本为在公司登记机关登记的实收股本总额。发起人认购的股份不得少于公司股份总数的百分之三十五，但是，法律、行政法规另有规定的除外。此外，发起人向社会公开募集股份，必须公告招股说明书，并制作认股书。

3. 召开临时股东大会的情形有哪些？

股东大会是股份有限公司的权力机关，并由全体股东组成，应每年召开一次年会。但在下列情形下，应在两个月内召开临时股东大会：第一，董事人数不足本法规定人数或者公司章程所规定人数的三分之二。根据法律规定，股份有限公司董事会人数为五人至十九人。第二，公司未弥补的亏损达实收股本总额三分之一。第三，单独或者合计持有公司百分之十以上股份的股东请求。第四，董事会认为必要。第五，监事会提议召开。第六，公司章程规定的其他情形。

召开临时股东大会，应当将会议召开的时间、地点和审议的事项于会议召开十五日前通知各股东。

4. 公司董事、高级管理人员的禁止性规范有哪些？

公司董事、高级管理人员具有一定的决策权、执行权，实际控制着公司运营，为避免公司利益受损，法律规定禁止性规范，具体包括：第一，挪用公司资金；第二，将公司资金以其个人名义或以他个人名义开立账户存储；第三，违反公司章程，未经股东会、股东大会或者董事会同意，将公司资金借贷给他人或者以公司财产为他人提供担保；第四，违反公司章程的规定或未经股东会、股东大会同意，与本公司订立合同或者进行交易；第五，未经股东会或者股东大会同意，利用职务便利为自己或者为他人谋取属于公司的商业机会，自营或者为他人经营与所任职公司同类的业务；第六，接受他人与公司交易的佣金归为己有；第七，擅自披露公司秘密，损害公司利益；第八，违反对公司忠实义务的其他行为。

公司董事、高级管理人员因违反禁止性义务，所得的收入应归公司所有。如将公司资金以个人名义开立账户存储所得利息，应归公司所有；再如他人与公司交易的佣金，应归公司所有。

5. 公司合并的方式有哪些?

公司合并是企业间相互兼并、优化发展的重要形式，是两个或者两个以上的公司通过订立合并协议，依照法律规定，在不经过公司清算程序的情况下，直接合并为一个公司的法律行为。公司合并的方式，具体包括：第一，吸收合并。即一个公司吸收其他公司，被吸收的公司随即解散。第二，新设合并。即两个以上公司合并设立一个新的公司，合并各方随即解散。

公司应当自作出合并决议之日起十日内通知债权人，并于三十日内在报纸上公告。债权人自接到通知书之日起三十日内，未接到通知书的自公告之日起四十五日内，可以要求公司清偿债务或者提供相应的担保。公司合并时，合并各方的债权、债务应当由合并后存续的公司或者新设的公司承继。此外，因公司合并致使登记事项发生变更，应依法向公司登记机关办理变更登记。

6. 公司清算程序有哪些?

公司清算，即公司解散后，依法处分公司财产，处理法律关系，使公司归于消灭的法律行为。公司清算的程序，具体包括：

第一，成立清算组。公司应在法定解散事由出现之日起十五日内成立清算组，开始清算。第二，通知债权人。清算组应自成立之日起十日内，将公司解散清算事宜书面通知全体已知债权人，并于六十日内在全国或者公司注册登记地省级的有影响力的报纸上进行公告。第三，债权申报。债权人应当自接到通知书之日起三十日内，未接到通知书的自公告之日起四十五日内，向清算组申报债权，清算组应登记债权。第四，清理公司财产，编制资产负债表和财产清单。第五，制定清算方案，并报股东会、股东大会或者人民法院确认。第六，分配公司清算财产。公司财产在支付清算费用、职工工资、社保费用、法定补偿金，缴纳所欠税款，清偿公司债务后的剩余财产，有限责任公司按照股东的出资比例分配，股份有限公司按照股东持有的股份比例分配。第七，清算结束。清算结束后，清算组应制作清算报告，报股东会、股东大会或者人民法院确认，并报送公司登记机关，申请注销公司登记，公告公司终止。

第二节　合伙企业法

1. 普通合伙企业的设立条件有哪些？

普通合伙企业的设立条件，具体包括：第一，有二个以上合伙人。合伙人为自然人的，应当具有完全民事行为能力。国有独资公司、国有企业、上市公司以及公益性的事业单位、社会团体不得成为普通合伙人。第二，有书面合伙协议，从而排除口头合伙协议。第三，有合伙人认缴或者实际缴付的出资。合伙人可以用货币、实物、知识产权、土地使用权、劳务或者其他财产权利出资。第四，有合伙企业的名称和生产经营场所。合伙企业名称中应当标明"普通合伙"的字样。第五，法律、行政法规规定的其他条件。该条属于兜底性条款。

2. 普通合伙企业财产转让的限制性规定是什么？

普通合伙企业财产转让的限制性规定，具体包括：

一方面，对外转让。合伙人对外转让其在普通合伙企业中的全部或者部分财产份额时，须经其他合伙人一致同意，但合伙协议另有约定的除外。在同等条件下，其他合伙人有优先购买权，但合伙协议另有约定的除外。

另一方面，对内转让。合伙人对内转让其在普通合伙企业中的全部或者部分财产份额时，仅通知其他合伙人即可，无须征得其他合伙人的一致同意。

3. 须经全体合伙人一致同意的普通合伙企业事项有哪些？

在普通合伙企业中，各合伙人对执行合伙事务享有同等权利。实践中，合伙事务通常由一个或者两个以上的合伙人代为执行，不执行合伙事务的合伙人予以监督。但下列事项，须经全体合伙人一致同意：第一，改变合伙企业的名称，如将"恒科律所"改为"融成律所"；第二，改变合伙企业的经营范围、主要经营场所的地点，如营业范围从原煤运输变为玩具制造；第三，处分合伙企业的不动产，如变卖合伙企业的房产；第四，转让或者处分合伙企业的知识产权和其他财产权利，如转让合伙企业债权给他人；第五，以合伙企业名义为他人提供担保，如以合伙企业名义为他人贷款购房提供担保；第六，聘任合伙人以外的人担任合伙企业的经营管理人员。

4. 有限合伙企业的内容有哪些？

有限合伙企业，即由普通合伙人和有限合伙人组成的企业组织形式。内容包括：第一，人数上。有限合伙企业由二个以上五十个以下合伙人设立，但至少有一个普通合伙人。第二，名称上。有限合伙企业应标明"有限合伙"的字样。如有违反，则由企业登记机关责令限期改正，并处二千元以上一万元以下罚款。第三，出资上。有限合伙人可以货币、实物、知识产权、土地使用权或者其他财产权利作价出资，但不得以劳务出资。第四，执行上。有限合伙企业由普通合伙人执行合伙事务，有限合伙人不执行合伙事务，不得对外代表有限合伙企业。第五，责任上。在有限合伙企业中，普通合伙人对合伙企业债务承担无限连带责任，有限合伙人以其认缴的出资额为限对合伙企业债务承担责任。

5. 合伙人当然退伙的情形有哪些?

合伙人当然退伙的情形,具体包括:第一,作为合伙人的自然人死亡或者被依法宣告死亡;第二,个人丧失偿债能力;第三,作为合伙人的法人或者其他组织依法被吊销营业执照、责令关闭、撤销,或者被宣告破产;第四,法律规定或者合伙协议约定合伙人必须具有相关资格而丧失该资格;第五,合伙人在合伙企业中的全部财产份额被人民法院强制执行。

退伙事由实际发生之日为退伙生效日。合伙人被依法认定为无民事行为能力人或者限制民事行为能力人,经其他合伙人一致同意,可以依法转为有限合伙人,普通合伙企业依法转为有限合伙企业。其他合伙人未能一致同意的,该无民事行为能力或者限制民事行为能力的合伙人退伙。

6. 普通合伙企业解散的情形有哪些?

普通合伙企业解散的情形,具体包括:第一,合伙期限届满,合伙人决定不再经营,如合伙协议约定经营期限为一年,期限届满后,合伙人决定不再经营;第二,合伙协议约定的解散事由出现,如合伙协议约定企业利润达到十万元即宣告解散;第三,全体合伙人决定解散,因年龄偏大、身体健康等原因,全体合伙人决定解散企业;第四,合伙人已不具备法定人数满三十天,属于法定解散事由;第五,合伙协议约定的合伙目的已实现或者无法实现,如某合伙企业以生产实心砖为主,但国家在建筑领域大力推行空心砖;第六，依法被吊销营业执照、责令关闭或者被撤销，如企业超越经营范围被吊销营业执照；第七，法律、行政法规规定的其他原因，该条属于兜底性条款。

第三节 个人独资企业法

1. 个人独资企业的设立条件有哪些？

个人独资企业，即在中国境内依法设立，由一个自然人投资，财产为投资人个人所有，投资人以其个人财产对企业债务承担无限责任的经营实体。

个人独资企业的设立条件，具体包括：第一，投资人为一个自然人，应具备完全民事行为能力，无民事行为能力人或限制民事行为能力人不得成为投资人；第二，有合法的企业名称，即个人独资企业的名称与其责任形式和营业范围相符；第三，有投资人申报的出资，在个人独资企业设立申请书中应载明投资人的出资额和出资方式；第四，有固定的生产经营场所和必要的生产经营条件；第五，有必要的从业人员。

2. 如何申请设立个人独资企业登记？

申请设立个人独资企业，投资人或者其委托的代理人应向个人独资企业所在地的登记机关提交设立申请书、投资人身份证明、生产经营场所使用证明等文件。委托代理人申请设立登记时，还应出具投资人的委托书和代理人的合法证明。

个人独资企业不得从事法律、行政法规禁止经营的业务，从事法律、行政法规规定须报经有关部门审批的业务，应在申请设立登记时提交有关部门的批准文件。投资人或者其委托的代理人提交虚假文件或采取其他欺骗手段取得企业登记，相关部门应责令改正，并处以五千元以下的罚款。情节严重的，并处吊销营业执照。

3. 如何管理个人独资企业事务？

个人独资企业是由一个自然人投资设立的，投资人依法享有企业财产的所有权，可以自行管理企业事务，也可以委托或者聘用其他具有民事行为能力的人管理企业事务。投资人委托或者聘用他人管理个人独资企业事务，应当与受托人或者被聘用的人签订书面合同，明确委托的具体内容和授予的权利范围。

在接受委托或聘用后，受托人或者被聘用的人员应履行诚信、勤勉义务，按照与投资人签订的合同管理企业事务。投资人对受托人或者被聘用的人员职权的限制，不得对抗善意第三人。此外，投资人委托或者聘用的人员管理个人独资企业事务时违反双方订立的合同给投资人造成损害，应承担民事赔偿责任。

4. 管理个人独资企业事务的人员不得从事哪些行为？

在个人独资企业中，投资人可委托或者聘用专业人员从事管理个人独资企业事务，但不得从事以下行为：

第一，贿赂行为，即不得利用职务上的便利，索取或收受贿赂；第二，侵占行为，即不得利用职务或工作上的便利侵占企业财产；第三，挪用、转贷行为，即不得挪用企业的资金归个人使用或者借贷给他人；第四，开户行为，即不得擅自将企业资金以个人名义或者以他人名义开立账户储存；第五，担保行为，即不得擅自以企业财产提供担保；第六，竞争行为，即未经投资人同意，不得从事与本企业相竞争的业务；第七，交易行为，即未经投资人同意，不得同本企业订立合同或者进行交易；第八，转让行为，即未经投资人同意，不得擅自将企业商标或者其他知识产权转让给他人使用；第九，泄露行为，即不得泄露本企业的商业秘密、技术秘密等；第十，其他行为，即法律、行政法规禁止的其他行为，如同行业不正当竞争行为。

5. 个人独资企业解散的情形有哪些？

个人独资企业解散的情形，具体包括：

自行解散。第一，投资人决定解散。个人独资企业是由一个自然人投资设立的，投资人依法享有企业财产的所有权，不经议事程序或他人同意，即可直接决定解散。第二，投资人死亡或者被宣告死亡，无继承人或者继承人决定放弃继承。

强制解散。第一，被依法吊销营业执照。企业一旦被吊销营业执照，意味着其市场主体资格的丧失，经营者或投资人不得以企业名义从事任何经营活动。此外，个人独资企业成立后无正当理由超过六个月未开业的，或者开业后自行停业连续六个月以上的，由相关部门吊销营业执照。第二，法律、行政法规规定的其他情形。

6. 个人独资企业清算的方式有哪些？

个人独资企业清算的方式，具体包括：第一，自行清算。即由个人独资企业的投资人自己对企业进行清算。投资人应当在清算前十五日内书面通知债权人，无法通知的，应予以公告。债权人应当在接到通知之日起三十日内，未接到通知的应当在公告之日起六十日内，向投资人申报其债权。第二，指定清算。即由债权人申请人民法院指定清算人进行清算。个人独资企业清算直接关系到企业债权人的利益，为更好地维护自身利益，债权人可申请人民法院指定注册会计师、律师等人进行清算。

第四节　保险法

1. 什么是保险合同？

保险合同，即投保人与保险人约定保险权利义务关系的协议。内容包括：第一，合同主体。投保人，即与保险人订立保险合同，并按照合同约定负有支付保险费义务的人。保险人，即与投保人订立保险合同，并按照合同约定承担赔偿或者给付保险金责任的保险公司。第二，订立原则。投保人与保险人应协商一致订立合同，并遵循公平原则确定各方的权利和义务。保险合同应自愿订立，法律、行政法规另有规定的除外。第三，保险利益。人身保险的投保人在保险合同订立时，对被保险人应当具有保险利益。财产保险的被保险人在保险事故发生时，对保险标的应当具有保险利益。第四，合同成立。投保人提出保险要求，经保险人同意承保，保险合同随即成立。依法成立的保险合同，自成立时生效。第五，义务履行。保险合同成立后，投保人按照约定交付保险费，保险人按照约定的时间开始承担保险责任。

2. 投保人违反如实告知义务的法律后果有哪些？

订立保险合同，保险人就保险标的或者被保险人的有关情况提出询问，投保人应如实告知。投保人违反如实告知义务的法律后果，具体包括：第一，投保人故意或者因重大过失未履行如实告知义务，且足以影响保险人决定是否同意承保或者提高保险费率的，保险人有权解除合同；第二，投保人故意不履行如实告知义务，保险人对于合同解除前发生的保险事故，不承担赔偿或者给付保险金的责任，并不退还保险费；第三，投保人因重大过失未履行如实告知义务，对保险事故的发生有严重影响，保险人对于合同解除前发生的保险事故，不承担赔偿或者给付保险金的责任，但应当退还保险费。

保险人的合同解除权自其知道有解除事由之日起，超过三十日不行使而消灭；自合同成立之日起超过二年的，保险人不得解除合同。此外，保险人在合同订立时已经知道投保人未如实告知的情况，保险人不得解除合同。

3. 什么是索赔时效？

索赔时效，即保险合同的被保险人、受益人向保险人提出赔偿或给付保险金的法定期间。具体包括：第一，人寿保险的被保险人或者受益人向保险人请求给付保险金的诉讼时效期间为五年，自其知道或者应当知道保险事故发生之日起计算；第二，人寿保险以外的其他保险的被保险人或者受益人，向保险人请求赔偿或者给付保险金的诉讼时效期间为二年，自其知道或者应当知道保险事故发生之日起计算。

索赔时效属于诉讼时效，权利人如果在法定期限内不行使权利，则丧失胜诉权。因此，保险合同的被保险人或者受益人在保险事故发生后，应尽早向保险人主张权利，以维护自身合法权益。

4. 如何指定受益人？

受益人，即人身保险合同中由被保险人或者投保人指定的享有保险金请求权的人。指定受益人，应符合以下要求：第一，主体上。人身保险的受益人由被保险人或者投保人指定，投保人指定受益人时须经被保险人同意。被保险人为无民事行为能力人或者限制民事行为能力人的，由其监护人指定受益人。第二，程序上。被保险人或者投保人可以变更受益人并书面通知保险人，保险人收到变更受益人的书面通知后，应当在保险单或者其他保险凭证上批注或者附贴批单。投保人变更受益人时须经被保险人同意。第三，客体上。被保险人或者投保人可以指定一人或者数人为受益人。受益人为数人的，被保险人或者投保人可以确定受益顺序和受益份额，未确定受益份额的，受益人按照相等份额享有受益权。

5. 人身保险合同中的保险人是否享有代位求偿权？

代位求偿权，即第三者的行为致使保险标的遭受损害，保险公司在支付保险赔偿金后，有权向其请求赔偿。根据法律规定，被保险人因第三者的行为而发生死亡、伤残或者疾病等保险事故，保险人向被保险人或者受益人给付保险金后，不享有向第三者追偿的权利，但被保险人或者受益人仍有权向第三者请求赔偿。由此可知，人身保险合同中的保险人不享有代位求偿权，不得向第三者请求赔偿。因为人身保险合同是以人的寿命、健康为保险标的，其价值无法估量，并且保险人已收取相应的保费，如果允许其享有代位求偿权，不仅会构成不当得利，还会引发道德风险。

在财产保险合同中，保险人享有代位求偿权。因第三者对保险标的的损害而造成保险事故，保险人自向被保险人赔偿保险金之日起，在赔偿金额范围内代位行使被保险人对第三者请求赔偿的权利。

6. 保险公司的资金运用形式有哪些？

保险公司的资金运用必须稳健，并遵循安全性原则。保险公司的资金运用形式，具体包括：第一，银行存款。保险公司应选择资本充足率、净资产和拨备覆盖率等符合监管要求，治理结构规范、内控体系健全、经营业绩良好，最近三年未发现重大违法违规行为以及信用等级达到中国保监会规定标准的商业银行作为存款银行。第二，买卖债券、股票、证券投资基金份额等有价证券。保险资金投资的债券，主要包括政府债券、金融债券、企业（公司）债券、非金融企业债务融资工具以及符合规定的其他债券。保险资金投资的股票，主要包括公开发行并上市交易的股票和上市公司向特定对象非公开发行的股票。第三，投资不动产。保险公司不得直接从事房地产开发建设。第四，国务院规定的其他资金运用形式。

第五节 票据法

1. 票据的类型有哪些?

票据的类型,具体包括:第一,汇票。即由出票人签发,委托付款人在见票时或者在指定日期无条件支付确定的金额给收款人或者持票人的票据。汇票分为银行汇票和商业汇票。第二,本票。即由出票人签发,承诺自己在见票时无条件支付确定的金额给收款人或者持票人的票据。本票特指银行本票。第三,支票。即由出票人签发,委托办理支票存款业务的银行或者其他金融机构在见票时无条件支付确定的金额给收款人或者持票人的票据。

2. 票据权利的行使期限有哪些?

为提高票据的流通性,督促当事人行使权利,法律专门规定票据权利的行使期限。票据权利在下列期限内不行使而消灭:第一,持票人对票据的出票人和承兑人的权利,自票据到期日起二年。见票即付的汇票、本票,自出票日起二年。第二,持票人对支票出票人的权利,自出票日起六个月。第三,持票人对前手的追索权,自被拒绝承兑或者被拒绝付款之日起六个月。第四,持票人对前手的再追索权,自清偿日或者被提起诉讼之日起三个月。票据的出票日、到期日由票据当事人依法确定。

3. 汇票记载的事项有哪些？

汇票记载的事项，具体包括：第一，表明"汇票"的字样；第二，无条件支付的委托；第三，确定的金额；第四，付款人名称；第五，收款人名称；第六，出票日期；第七，出票人签章。如果汇票上未记载上述任何事项之一的，该汇票均属无效。

汇票上还可记载付款日期、付款地、出票地等事项，但应保证清楚、明确。如果未能记载清楚、明确，可作如下推定：第一，汇票上未记载付款日期，为见票即付；第二，汇票上未记载付款地，付款人的营业场所、住所地或者经常居住地为付款地；第三，汇票上未记载出票地，出票人的营业场所、住所地或者经常居住地为出票地。汇票上可以记载票据法规定事项以外的其他出票事项，但是该记载事项不具有汇票上的效力。

4. 什么是承兑？

承兑，即汇票付款人承诺在汇票到期日支付汇票金额的票据行为。内容包括：第一，承兑的主体是汇票的付款人；第二，承兑的内容是付款人表示愿意支付汇票金额的行为；第三，承兑的性质是一种附属票据行为；第四，承兑的形式是一种要式法律行为。

承兑是汇票特有的行为，本票和支票不存在承兑。在本票中，付款人就是出票人，无须承兑；在支票中，银行或者其他法定的金融机构是付款人，并且是见票即付的票据，也无须承兑。

5. 行使汇票追索权的情形有哪些?

根据法律规定,汇票到期被拒绝付款,持票人可对背书人、出票人以及汇票的其他债务人行使追索权。除此以外,出现下列情形,持票人也可行使追索权:第一,汇票被拒绝承兑;第二,承兑人或者付款人死亡、逃匿;第三,承兑人或者付款人被依法宣告破产的或者因违法被责令终止业务活动。其中,第一种情形是汇票经正式提示承兑而被拒绝承兑,属于主观不能;后两种情形则是汇票无法承兑,属于客观不能。

持票人在行使追索权时,应提供被拒绝承兑或者被拒绝付款的有关证明。如持票人因承兑人或者付款人死亡、逃匿或者其他原因,不能取得拒绝证明,可依法取得其他有关证明;再如承兑人或者付款人被人民法院依法宣告破产,人民法院的有关司法文书具有拒绝证明的效力。与此对应,承兑人或者付款人因违法被责令终止业务活动,有关行政主管部门的处罚决定也具有拒绝证明的效力。持票人提示承兑或者提示付款被拒绝的,承兑人或者付款人必须出具拒绝证明,或者出具退票理由书。未出具拒绝证明或者退票理由书的,应当承担由此产生的民事责任。

6. 支票金额能否补记?

确定的金额是支票的法定记载事项,如果未予记载,该支票则归于无效。实践中,出票人在出票时一般无法得知具体的金额,但是又必须交出支票。对此,法律专门规定了空白票据,即出票人仅在票据上签名,将票据上其他法定记载事项中的全部或者部分授权持票人完成的票据。由此可知,支票金额可以补记,但应符合条件：第一，出票人在支票上签章并交付支票，支票上未记载确定的金额；第二，出票人授权持票人在取得票据后补记，持票人应在授权范围内补记；第三，未补记之前，支票不得使用。

第四章 行政法

第一节 公务员法

1. 公务员的权利有哪些?

公务员的权利,具体包括:第一,执行公务权,即公务员有权获得履行职责所应具有的工作条件;第二,身份保障权,即非因法定事由、非经法定程序,公务员不被免职、降职、辞退或者处分;第三,工资福利权,即公务员有权获得工资报酬,并享受福利、保险待遇;第四,参加培训权,即公务员有权参加政治理论学习和业务知识培训,以适应工作岗位需要;第五,批评建议权,即公务员有权对机关工作和领导人员提出批评和建议,任何人不得压制、打击和报复;第六,申诉控告权,即公务员对于己不利的人事处分和其他国家工作人员的违法失职行为,可向国家机关或部门申诉、控告;第七,辞去公职权,即公务员由于主观或客观原因而不再继续担任公职,有权辞职并选择新的职业;第八,法律规定的其他权利,属于兜底性条款。

2. 录用公务员的程序有哪些?

录用公务员必须在国家编制主管部门规定的编制限额内进行,各级机关、部门都不得超出规定的编制限额录用公务员,并且录用公务员的数量和条件须根据职位空缺的情况来确定。

录用公务员的程序，具体包括：第一，发布公务员招考公告，并审查报考资格；第二，公务员考试采取笔试、面试等方式；第三，从考试成绩优异者中确定考察人选，复审报考资格，并予以考察和体检；第四，向社会公示拟录用人员名单；第五，公示期限届满后，报相关主管部门备案或审批；新录用的公务员试用期为一年，试用期满合格的，予以任职；不合格的，取消录用。

3. 公务员处分的类型有哪些?

公务员处分的类型，具体包括：第一，警告。即公务员的行为已构成违纪，应予以纠正和警示，属于最轻微的处分方式，处分期限为六个月。第二，记过。即将公务员的过失予以记录，处分期限为十二个月。第三，记大过。处分期限为十八个月。第四，降级。即降低公务员的级别，处分期限为二十四个月。第五，撤职。即撤销公务员所担任的职务，处分期限为二十四个月。第六，开除。即解除被处分公务员与机关部门的人事关系，是最为严厉的处分方式。被开除后，被处分人即丧失公务员资格。

4. 公务员交流的类型有哪些?

公务员交流的类型，具体包括：第一，调任，即国有企业、高等院校和科研院所以及其他不参照公务员法管理的事业单位中从事公务的人员，可以调入机关担任领导职务或者四级调研员以上及其他相当层次的职级。录用适用于选拔担任一级主任科员以下及其他相当职级层次的公务员，而调任则适用于选拔担任领导职务或者四级调研员以上及其他相当层次的职级。第二，转任，即公务员在内部进行交流的方式。在不同职位之间转任，公务员应具备拟任职务所要求的资格条件，并在规定的编制限额和职数内进行。

5. 公务员回避的类型有哪些？

公务员回避的类型，具体包括：第一，任职回避。公务员之间有夫妻关系、直系血亲关系、三代以内旁系血亲关系以及近姻亲关系的，不得在同一机关双方直接隶属于同一领导人员的职位或者有直接上下级领导关系的职位工作，也不得在其中一方担任领导职务的机关从事组织、人事、纪检、监察、审计和财务工作。公务员不得在其配偶、子女及其配偶经营的企业、营利性组织的行业监管或者主管部门担任领导成员。因地域或者工作性质特殊，需要变通执行任职回避的，由省级以上公务员主管部门规定。第二，地域回避。公务员担任乡级机关、县级机关、设区的市级机关及其有关部门主要领导职务的，应当按照有关规定实行地域回避。第三，公务回避。公务员执行公务时，有下列情形之一的，应当回避：（一）涉及本人利害关系的；（二）涉及与本人有夫妻关系、直系血亲关系、三代以内旁系血亲关系以及近姻亲关系的人员利害关系的；（三）其他可能影响公正执行公务的。

6. 公务员如何申诉？

公务员对涉及本人的下列人事处理不服的，可以自知道该人事处理之日起三十日内向原处理机关申请复核；对复核结果不服的，可以自接到复核决定之日起十五日内，按照规定向同级公务员主管部门或者作出该人事处理的机关的上一级机关提出申诉；也可以不经复核，自知道该人事处理之日起三十日内直接提出申诉：（一）处分；（二）辞退或者取消录用；（三）降职；（四）定期考核定为不称职；（五）免职；（六）申请辞职、提前退休未予批准；（七）不按照规定确定或者扣减工资、福利、保险待遇；（八）法律、法规规定可以申诉的其他情形。对省级以下机关作出的申诉处理决定不服的，可以向作出处理决定的上一级机关提出再申诉。受理公务员申诉的机关应当组成公务员申诉公正委员会，负责受理和审理公务员的申诉案件。公务员对监察机关作出的涉及本人的处理决定不服向监察机关申请复审、复核的，按照有关规定办理。

第二节 行政许可法

1. 行政机关能否擅自改变已经生效的行政许可？

根据行政法的诚实守信原则，公民、法人或者其他组织依法取得的行政许可受法律保护，行政机关原则上不得擅自改变已经生效的行政许可。但这并不意味着一律不可改变，为了公共利益的需要，行政机关可在下列情形中依法变更或者撤回生效的行政许可：第一，行政许可所依据的法律、法规、规章修改或者废止；第二，准予行政许可所依据的客观情况发生重大变化。

行政相对人即公民、法人或者其他组织因此而遭受财产损失的，行政机关应当依法给予相应补偿。

2. 可以不设行政许可的事项有哪些?

可以不设行政许可的事项,具体包括:第一,公民、法人或者其他组织能够自主决定的事项,如公民之间签订买卖合同的行为、法人之间签订借贷合同的行为等,法律不宜也不得设定行政许可,应交由民事主体自主决定;第二,市场竞争机制能够有效调节的事项,如民营企业的兼并重组问题,应交由市场发挥其在资源配置中的决定性作用,只有当市场竞争机制无法解决时,法律才有设定行政许可的必要;第三,行业组织或者中介机构能够自律管理的事项,如相关行业发展,可交由对应的行业组织管理,以降低成本、提高效率;第四,行政机关采用事后监督等其他行政管理方式能够解决的,如对一般产品的安全问题,可采取随机抽查的事后监督方式予以解决,法律无须设定行政许可。

3. 行政许可的实施机关有哪些?

行政许可的实施机关,具体包括:第一,行政机关。行政许可通常是由具有行政许可权的行政机关在其法定职权范围内实施。此外,经国务院批准,省、自治区、直辖市人民政府根据精简、统一、效能的原则,可以决定一个行政机关行使有关行政机关的行政许可权,即"相对集中行使行政许可权"。第二,具有管理公共事务职能的组织。法律、法规授权的具有管理公共事务职能的组织,在法定授权范围内,可以自己的名义实施行政许可,即"授权许可"。第三,其他行政机关。行政机关在其法定职权范围内,依照法律、法规、规章的规定,可以委托其他行政机关实施行政许可,即"委托许可"。

4. 作出行政许可决定的期限有哪些?

除可当场作出行政许可决定之外，行政机关应当自受理行政许可申请之日起二十日内作出行政许可决定。二十日内不能作出决定的，经本行政机关负责人批准，可以延长十日，并应当将延长期限的理由告知申请人。法律、法规另有规定的，依照其规定。如运送、邮寄、携带文物出境，文物进出境审核机构应当自收到申请之日起十五个工作日内作出是否允许出境的决定。

行政许可采取统一办理或者联合办理、集中办理的，办理的时间不得超过四十五日。四十五日内不能办结的，经本级人民政府负责人批准，可以延长十五日，并将延长期限的理由告知申请人。

5. 行政机关依职权听证的情形有哪些?

行政机关依职权听证的情形，具体包括：第一，法律、法规、规章规定实施行政许可应当听证的事项；第二，行政机关认为需要听证的其他涉及公共利益的重大行政许可事项。对此，行政机关应及时向社会公告，组织听证。

此外，行政许可直接涉及申请人与他人之间重大利益关系的，行政机关在作出行政许可决定前，应当告知申请人、利害关系人享有要求听证的权利。申请人、利害关系人在被告知听证权利之日起五日内提出听证申请，行政机关应当在二十日内组织听证。对行政机关组织听证的费用，申请人、利害关系人不予承担。

6. 如何延续行政许可的有效期?

行政许可证件具有一定的有效期，被许可人只能在该有效期内从事许可活动。如果超过有效期，被许可人从事许可活动便失去法律依据，属于违法行为。对此，被许可人应在有效期届满前，向行政机关申请延续。

根据法律规定，被许可人应在行政许可有效期届满三十日前向作出行政许可决定的行政机关提出申请。但是，法律、法规、规章另有规定的，依照其规定。对于被许可人的延续申请，行政机关应在该行政许可有效期届满前作出是否准予延续的决定。逾期未作决定的，视为准予延续。

第三节　行政处罚法

1. 什么是行政处罚设定权？

行政处罚设定权，即法律、法规、规章对违法行为的处罚、种类、幅度等内容予以规定的权力。与其对应的是行政处罚规定权，即在上位法律规范对违法行为作出规定的情况下，下位法律规范就该违法行为的处罚、种类、幅度等内容予以具体规定的权力。由此可知，行政处罚设定权，是从"无"到"有"的过程；行政处罚规定权，则是从"抽象"到"具体"的过程。

设定行政处罚的法律规范，具体包括：第一，法律可以设定各种行政处罚。限制人身自由的行政处罚，只能由法律设定。第二，行政法规可以设定除限制人身自由以外的行政处罚。第三，地方性法规可以设定除限制人身自由、吊销企业营业执照以外的行政处罚。第四，尚未制定法律、法规的，国务院部门规章以及地方政府规章可以对违反行政管理秩序的行为设定警告、通报批评或者一定数额罚款的行政处罚。罚款的限额由国务院、省、自治区、直辖市人民代表大会常务委员会规定。

2. 行政处罚的种类有哪些?

行政处罚的种类:具体包括:第一,警告、通报批评。行政机关对违法的行政相对人予以谴责、告诫、通报,促使其尽快纠正违法行为,属于声誉罚。第二,罚款。行政机关对违法的行政相对人强制收取一定数量金钱,属于财产罚。第三,没收违法所得、没收非法财物。行政机关对违法的行政相对人的违法所得、非法财物,通过没收的强制方式收归国有,属于财产罚。第四,暂扣许可证件、降低资质等级、吊销许可证件。行政机关对违法的行政相对人的许可证予以暂扣或吊销以及降低其资质等级,属于行为罚。第五,限制开展生产经营活动、责令停产停业、责令关闭、限制从业。行政机关对违法的行政相对人限制、强制暂停或者永久停止其生产经营和其他业务活动以及限制其从业领域,属于行为罚。第六,行政拘留。行政机关对违法的行政相对人予以短期剥夺人身自由的处罚,属于人身罚。限制人身自由的行政处罚权只能由公安机关和法律规定的其他机关行使。第七,法律、行政法规规定的其他行政处罚,属于兜底性条款。

3. 行政处罚的管辖原则有哪些?

行政处罚的管辖原则,具体包括:第一,级别管辖。行政处罚通常是由县级以上地方人民政府具有行政处罚权的行政机关管辖,法律、行政法规另有规定的，从其规定。省、自治区、直辖市根据当地实际情况，可以决定将基层管理迫切需要的县级人民政府部门的行政处罚权交由能够有效承接的乡镇人民政府、街道办事处行使。第二，地域管辖。行政处罚一般是由违法行为发生地的行政机关管辖，但法律、行政法规、部门规章另有规定的，从其规定。第三，指定管辖。两个以上行政机关都有管辖权的，由最先立案的行政机关管辖。当两个或者两个以上的行政机关对管辖发生争议时，应当协商解决，协商不成的，应报请共同的上一级行政机关指定管辖；也可以直接由共同的上一级行政机关指定管辖。第四，移送管辖。如果违法行为构成犯罪，行政机关应将案件移送司法机关，追究行政违法人的刑事责任。对依法不需要追究刑事责任或者免予刑事处罚，但应当给予行政处罚的，司法机关应当及时将案件移送有关行政机关。

4. 从轻或者减轻当事人行政处罚的情形有哪些？

从轻或者减轻当事人行政处罚的情形，具体包括：第一，主动消除或者减轻违法行为危害后果，如当事人及时清理抛撒到马路的垃圾；第二，受他人胁迫或诱骗实施违法行为，如当事人受他人裹挟围堵某房地产售楼部；第三，主动供述行政机关尚未掌握的违法行为；第四，配合行政机关查处违法行为有立功表现，如当事人揭发公安机关尚未掌握的他人违法行为；第五，法律、法规、规章规定其他依法从轻或者减轻行政处罚的，属于兜底性条款。

此外，不满十四周岁的未成年人有违法行为的，不予行政处罚，责令监护人加以管教；已满十四周岁不满十八周岁的未成年人有违法行为的，应当从轻或者减轻行政处罚。精神病人、智力残疾人在不能辨认或者不能控制自己行为时有违法行为的，不予行政处罚，但应当责令其监护人严加看管和治疗。间歇性精神病人在精神正常时有违法行为的，应当给予行政处罚。尚未完全丧失辨认或者控制自己行为能力的精神病人、智力残疾人有违法行为的，可以从轻或者减轻行政处罚。违法行为轻微并及时纠正，没有造成危害后果的，不予行政处罚。初次违法且危害后果轻微并及时改正的，可以不予行政处罚。当事人有证据足以证明没有主观过错的，不予行政处罚。法律、行政法规另有规定的，从其规定。

5. 行政处罚的一般程序是什么？

行政处罚的一般程序，内容包括：第一，调查取证。除本法规定的可以当场作出的行政处罚外，行政机关应全面、客观、公正地调查收集证据。在调查取证过程中，执法人员应出示执法证件。第二，告知义务。在作出行政处罚决定前，行政机关应告知当事人拟作出的行政处罚内容及事实、理由、依据，并告知当事人依法享有的陈述、申辩、要求听证等权利。第三，陈述申辩。当事人有权陈述和申辩，行政机关不得拒绝听取，也不得以此加重处罚。第四，举行听证。行政机关拟作出下列行政处罚决定，当事人有要求听证的权利，当事人要求听证的，行政机关应当组织听证：（一）较大数额罚款；（二）没收较大数额违法所得、没收较大价值非法财物；（三）降低资质等级、吊销许可证件；（四）责令停产停业、责令关闭、限制从业；（五）其他较重的行政处罚；（六）法律、法规、规章规定的其他情形。第五，作出决定。确有应受行政处罚的违法行为，给予行政处罚决定；违法行为轻微，可不予行政处罚；违法事实不能成立，不予行政处罚；违法行为涉嫌犯罪，移送司法机关。

6. 行政处罚如何执行？

行政处罚决定作出后，当事人应在一定期限内履行。如当事人申请行政复议或提起行政诉讼，行政处罚不停止执行，法律另有规定的除外。在行政罚款中，作出罚款决定的行政机关应与收缴罚款的机构分离。

一般行政处罚的执行：当事人应自收到行政处罚决定书之日起十五日内，到指定的银行或者通过电子支付系统缴纳罚款，逾期不履行的，行政机关可采取以下措施：第一，缴纳罚款的，每日按罚款数额的百分之三加处罚款，加处罚款的数额不得超出罚款的数额；第二，依法将查封、扣押的财物拍卖、依法处理或者将冻结的存款、汇款划拨抵缴罚款；第三，根据法律规定，采取其他行政强制执行方式；第四，依照《行政强制法》的规定申请人民法院强制执行。

行政处罚的当场执行：适用于罚款数额不超过一百元或不当场收缴事后难以执行的。此外，在边远、水上、交通不便地区，行政机关及其执法人员依法作出罚款决定后，当事人到指定的银行或者通过电子支付系统缴纳罚款确有困难，经当事人提出，行政机关及其执法人员可以当场收缴罚款。

第四节 行政强制法

1. 行政强制措施的种类有哪些？

行政强制措施的种类，具体包括：第一，限制公民人身自由；第二，查封场所、设施或者财物；第三，扣押财物；第四，冻结存款、汇款；第五，其他行政强制措施。其中，法律可以设定任何行政强制措施；尚未制定法律，且属于国务院行政管理职权事项的，行政法规可以设定除限制公民人身自由、冻结存款、汇款和应当由法律规定的行政强制措施以外的其他行政强制措施；尚未制定法律、行政法规，且属于地方性事务的，地方性法规可以设定查封场所、设施或者财物，扣押财物的行政强制措施。法律、法规以外的其他规范性文件均不得设定任何行政强制措施。

2. 行政强制执行的方式有哪些？

行政强制执行的方式，具体包括：第一，加处罚款或者滞纳金；第二，划拨存款、汇款；第三，拍卖或者依法处理查封、扣押的场所、设施或者财物；第四，排除妨碍、恢复原状；第五，代履行；第六，其他强制执行方式。其中，行政强制执行由法律设定，法律没有规定行政机关强制执行，作出行政决定的行政机关应当申请人民法院强制执行。此外，起草法律草案、法规草案，拟设定行政强制，起草单位应当采取听证会、论证会等形式听取意见，并向制定机关说明设定该行政强制的必要性、可能产生的影响以及听取和采纳意见的情况。

3. 查封、扣押的期限是多久？

查封、扣押的期限，具体包括：第一，查封、扣押的期限通常不得超过三十日。第二，情况复杂的，经行政机关负责人批准后，可以延长三十日。延长决定应及时书面告知当事人，并说明理由。第三，法律、行政法规对查封、扣押期限另有规定的，依照其规定。第四，查封、扣押的期间不包括检测、检验、检疫或者技术鉴定的期间。

4. 行政机关解除冻结的情形有哪些？

行政机关解除冻结的情形，具体包括：第一，当事人没有违法行为；第二，冻结的存款、汇款与违法行为无关；第三，行政机关对违法行为已经作出处理决定，不再需要冻结；第四，冻结期限已经届满；第五，其他不再需要采取冻结措施的情形。

上述情形出现后，行政机关应及时作出解除冻结决定，并及时通知金融机构和当事人。金融机构接到通知后，应当立即解除冻结；行政机关逾期未作出处理决定或者解除冻结决定的，金融机构应当自冻结期满之日起解除冻结。

5. 行政机关强制执行程序有哪些？

行政机关强制执行程序，具体包括：第一，执行催告。在作出强制执行决定前，行政机关应事先以书面形式催告当事人履行义务。第二，陈述申辩。收到催告书后，当事人有权陈述申辩。行政机关应认真听取意见，确保权利充分行使。第三，执行决定。经催告，当事人逾期仍不履行行政决定，且无正当理由，行政机关可以作出强制执行决定。第四，执行禁止。行政机关原则上不得在夜间或者法定节假日实施行政强制执行，也不得对当事人采取停止供水、供电、供热、供燃气等方式迫使其履行行政决定。第五，执行回转。在执行中或执行完毕后，据以执行的行政决定被撤销、变更，或执行错误的，应恢复原状或者退还财物，不能恢复原状或者退还财物，应给予赔偿。第六，执行协议。行政强制执行实施后，行政机关可以在不损害公共利益和他人合法权益的情况下，与当事人达成执行协议。如果当事人不履行，行政机关则应恢复强制执行。

6. 行政机关申请人民法院强制执行的前提有哪些？

行政机关申请人民法院强制执行的前提，具体包括：第一，行政决定依法作出并生效；第二，当事人在行政机关决定的期限内不履行义务；第三，该行政机关不具有行政强制执行权；第四，当事人在法定期限内未申请行政复议或提请行政诉讼；第五，行政机关应书面催告当事人履行义务。此外，行政机关申请人民法院强制执行还存在期限限制，即行政机关申请人民法院强制执行其具体行政行为，应当自被执行人的法定起诉期限届满之日起三个月内提出。对此，行政机关应明确申请期限，确保行政决定执行到位，真正破解"执行难"问题。

第五节 监察法

1. 监察机关的设置有哪些?

《中华人民共和国监察法》第七条规定,中华人民共和国国家监察委员会是最高监察机关。省、自治区、直辖市、自治州、县、自治县、市、市辖区设立监察委员会。第八条第一款规定,国家监察委员会由全国人民代表大会产生,负责全国监察工作;第四款规定,国家监察委员会对全国人民代表大会及其常务委员会负责,并接受其监督。第九条第一款规定,地方各级监察委员会由本级人民代表大会产生,负责本行政区域内的监察工作;第四款规定,地方各级监察委员会对本级人民代表大会及其常务委员会和上一级监察委员会负责,并接受其监督。第十条规定,国家监察委员会领导地方各级监察委员会的工作,上级监察委员会领导下级监察委员会的工作。第十二条规定,各级监察委员会可以向本级中国共产党机关、国家机关、法律法规授权或者委托管理公共事务的组织和单位以及所管辖的行政区域、国有企业等派驻或者派出监察机构、监察专员。监察机构、监察专员对派驻或者派出它的监察委员会负责。

2. 监察机关的职责包括哪些?

《中华人民共和国监察法》第十一条规定,监察委员会依照本法和有关法律规定履行监督、调查、处置职责:(一)对公职人员开展廉政教育,对其依法履职、秉公用权、廉洁从政从业以及道德操守情况进行监督检查；（二）对涉嫌贪污贿赂、滥用职权、玩忽职守、权力寻租、利益输送、徇私舞弊以及浪费国家资财等职务违法和职务犯罪进行调查；（三）对违法的公职人员依法作出政务处分决定；对履行职责不力、失职失责的领导人员进行问责；对涉嫌职务犯罪的，将调查结果移送人民检察院依法审查、提起公诉；向监察对象所在单位提出监察建议。

3. 监察对象有哪些?

《中华人民共和国监察法》第十五条规定，监察机关对下列公职人员和有关人员进行监察：（一）中国共产党机关、人民代表大会及其常务委员会机关、人民政府、监察委员会、人民法院、人民检察院、中国人民政治协商会议各级委员会机关、民主党派机关和工商业联合会机关的公务员，以及参照《中华人民共和国公务员法》管理的人员；（二）法律、法规授权或者受国家机关依法委托管理公共事务的组织中从事公务的人员；（三）国有企业管理人员；（四）公办的教育、科研、文化、医疗卫生、体育等单位中从事管理的人员；（五）基层群众性自治组织中从事管理的人员；（六）其他依法履行公职的人员。

4. 监察管辖权如何确定?

《中华人民共和国监察法》第十六条规定，各级监察机关按照管理权限管辖本辖区内本法第十五条规定的人员所涉监察事项。上级监察机关可以办理下一级监察机关管辖范围内的监察事项，必要时也可以办理所辖各级监察机关管辖范围内的监察事项。监察机关之间对监察事项的管辖有争议的，由其共同的上级监察机关确定。第十七条规定，上级监察机关可以将其所管辖的监察事项指定下级监察机关管辖，也可以将下级监察机关有管辖权的监察事项指定给其他监察机关管辖。监察机关认为所管辖的监察事项重大、复杂，需要由上级监察机关管辖的，可以报请上级监察机关管辖。

5. 监察机关的权限有哪些？

《中华人民共和国监察法》第十八条第一款规定，监察机关行使监督、调查职权，有权依法向有关单位和个人了解情况，收集、调取证据。有关单位和个人应当如实提供。第十九条规定，对可能发生职务违法的监察对象，监察机关按照管理权限，可以直接或者委托有关机关、人员进行谈话或者要求说明情况。第二十条规定，在调查过程中，对涉嫌职务违法的被调查人，监察机关可以要求其就涉嫌违法行为作出陈述，必要时向被调查人出具书面通知。对涉嫌贪污贿赂、失职渎职等职务犯罪的被调查人，监察机关可以进行讯问，要求其如实供述涉嫌犯罪的情况。

第二十一条规定，在调查过程中，监察机关可以询问证人等人员。第二十二条规定，被调查人涉嫌贪污贿赂、失职渎职等严重职务违法或者职务犯罪，监察机关已经掌握其部分违法犯罪事实及证据，仍有重要问题需要进一步调查，并有下列情形之一的，经监察机关依法审批，可以将其留置在特定场所：（一）涉及案情重大、复杂的；（二）可能逃跑、自杀的；（三）可能串供或者伪造、隐匿、毁灭证据的；（四）可能有其他妨碍调查行为的。对涉嫌行贿犯罪或者共同职务犯罪的涉案人员，监察机关可以依照前款规定采取留置措施。留置场所的设置、管理和监督依照国家有关规定执行。

第二十三条规定，监察机关调查涉嫌贪污贿赂、失职渎职等严重职务违法或者职务犯罪，根据工作需要，可以依照规定查询、冻结涉案单位和个人的存款、汇款、债券、股票、基金份额等财产。有关单位和个人应当配合。冻结的财产经查明与案件无关的，应当在查明后三日内解除冻结，予以退还。

第二十四条规定，监察机关可以对涉嫌职务犯罪的被调查人以及可能隐藏被调查人或者犯罪证据的人的身体、物品、住处和其他有关地方进行搜查。在搜查时，应当出示搜查证，并有被搜查人或者其家属等见证人在场。搜查女性身体，应当由女性工作人员进行。监察机关进行搜查时，可以根据工作需要提请公安机关配合。公安机关应当依法予以协助。

第二十五条第一款规定，监察机关在调查过程中，可以调取、查封、扣押用以证明被调查人涉嫌违法犯罪的财物、文件和电子数据等信息。采取调取、查封、扣押措施，应当收集原物原件，会同持有人或者保管人、见证人，当面逐一拍照、登记、编号，开列清单，由在场人员当场核对、签名，并将清单副本交财物、文件的持有人或者保管人。

第二十六条规定，监察机关在调查过程中，可以直接或者指派、聘请具有专门知识、资格的人员在调查人员主持下进行勘验检查。勘验检查情况应当制作笔录，由参加勘验检查的人员和见证人签名或者盖章。

第二十七条规定，监察机关在调查过程中，对于案件中的专门性问题，可以指派、聘请有专门知识的人进行鉴定。鉴定人进行鉴定后，应当出具鉴定意见，并且签名。

第二十八条第一款规定，监察机关调查涉嫌重大贪污贿赂等职务犯罪，根据需要，经过严格的批准手续，可以采取技术调查措施，按照规定交有关机关执行。

第二十九条规定，依法应当留置的被调查人如果在逃，监察机关可以决定在本行政区域内通缉，由公安机关发布通缉令，追捕归案。通缉范围超出本行政区域的，应当报请有权决定的上级监察机关决定。

第三十条规定，监察机关为防止被调查人及相关人员逃匿境外，经省级以上监察机关批准，可以对被调查人及相关人员采取限制出境措施，由公安机关依法执行。对于不需要继续采取限制出境措施的，应当及时解除。

第三十一条规定，涉嫌职务犯罪的被调查人主动认罪认罚，有下列情形之一的，监察机关经领导人员集体研究，并报上一级监察机关批准，可以在移送人民检察院时提出从宽处罚的建议：（一）自动投案，真诚悔罪悔过的；（二）积极配合调查工作，如实供述监察机关还未掌握的违法犯罪行为的；（三）积极退赃，减少损失的；（四）具有重大立功表现或者案件涉及国家重大利益等情形的。

6. 监察机关可以作出哪些处理决定？

《中华人民共和国监察法》第四十五条规定，监察机关根据监督、调查结果，依法作出如下处置：（一）对有职务违法行为但情节较轻的公职人员，按照管理权限，直接或者委托有关机关、人员，进行谈话提醒、批评教育、责令检查，或者予以诫勉；（二）对违法的公职人员依照法定程序作出警告、记过、记大过、降级、撤职、开除等政务处分决定；（三）对不履行或者不正确履行职责负有责任的领导人员，按照管理权限对其直接作出问责决定，或者向有权作出问责决定的机关提出问责建议；（四）对涉嫌职务犯罪的，监察机关经调查认为犯罪事实清楚，证据确实、充分的，制作起诉意见书，连同案卷材料、证据一并移送人民检察院依法审查、提起公诉；（五）对监察对象所在单位廉政建设和履行职责存在的问题等提出监察建议。监察机关经调查，对没有证据证明被调查人存在违法犯罪行为的，应当撤销案件，并通知被调查人所在单位。

第六节　突发事件应对法

1. 突发事件的种类有哪些？

突发事件的种类，具体包括：第一，自然灾害。即由自然原因造成的人员伤亡、财产损失、社会失稳、资源破坏等事件。第二，事故灾难。即由人类生产、生活引发，造成人员伤亡、经济损失或环境污染等事件。第三，公共卫生事件。如重大传染病疫情、群体性不明原因疾病、重大食物中毒事件。第四，社会安全事件。如恐怖袭击、重大刑事、涉外突发、社会群体事件。此外，自然灾害、事故灾难、公共卫生事件按照社会危害程度、影响范围等因素，分为特别重大、重大、较大和一般四级。

2. 应急管理体制的内容有哪些？

国家建立统一领导、综合协调、分类管理、分级负责、属地管理为主的应急管理体制。统一领导，即成立应急指挥机构，统一指挥应急工作；综合协调，即在统一领导下，综合协调政府部门、事业单位、社会组织、公民个人等应急主体；分类管理，即不同类型的突发事件交由相应政府部门管理；分级负责，即明确各级政府和部门应对突发事件的责任；属地管理，即地方政府是应对突发事件的责任主体，履行发现苗头、预防发生、先行应对、防止扩散职责。

3. 如何管理突发事件应对工作？

突发事件应对工作实行属地管理，具体包括：第一，县级人民政府管理本行政区域内突发事件应对工作；第二，突发事件涉及两个以上行政区域，由所涉行政区域共同的上一级人民政府管理；第三，突发事件涉及两个以上行政区域，且所涉行政区域没有共同的上一级人民政府，则由所涉行政区域的上一级人民政府共同负责。此外，突发事件发生后，发生地县级人民政府应立即向上一级人民政府报告，必要时可以越级上报。

4. 如何建立突发事件应急预案体系？

国家建立健全突发事件应急预案体系：第一，国务院制定国家突发事件总体应急预案，并组织制定国家突发事件专项应急预案；第二，国务院有关部门制定国家突发事件部门应急预案；第三，地方各级人民政府和县级以上地方各级人民政府有关部门制定相应的突发事件应急预案。此外，应急预案制定机关应根据实际需要和情势变化，适时修订应急预案。

5. 处置社会安全事件的措施有哪些?

处置社会安全事件的措施由公安机关依法实施,具体包括:第一,强制隔离使用器械相互对抗或者以暴力行为参与冲突的当事人,妥善解决现场纠纷和争端,控制事态发展;第二,控制特定区域内的建筑物、交通工具、设备、设施以及燃料、燃气、电力、水的供应;第三,封锁有关场所、道路,查验现场人员的身份证件,限制有关公共场所内的活动;第四,加强对易受冲击的核心机关和单位的警卫,在国家机关、军事机关、国家通讯社、广播电台、电视台、外国驻华使领馆等单位附近设置临时警戒线。此外,当发生严重危害社会治安秩序事件时,公安机关应立即依法出动警力,并采取相应的强制性措施,使社会秩序恢复正常。

6. 不履行法定职责的情形有哪些?

地方各级人民政府和县级以上各级人民政府有关部门不履行法定职责,由其上级行政机关或者监察机关责令改正;有下列情形之一的,根据情节对直接负责的主管人员和其他直接责任人员依法给予处分。具体包括:

第一,未按规定采取预防措施,导致发生突发事件,或者未采取必要的防范措施,导致发生次生、衍生事件。如某国有棉库未采取有效防雷避雷措施,致使棉库在雨天遭受雷击,并引发火灾。

第二,迟报、谎报、瞒报、漏报有关突发事件的信息,或者通报、报送、公布虚假信息,造成后果。如某国有煤矿发生瓦斯爆炸,致使五名职工被困井底,事故发生三天后,其直接责任人才向当地政府报告。

第三，未按规定及时发布突发事件警报、采取预警期的措施，导致损害发生。如某市政府未按规定及时发布寒潮预警信息，致使外出市民被冻伤，严重影响了市民正常的工作、生活秩序。

第四，未按规定及时采取措施处置突发事件或者处置不当，造成后果。如某市防震减灾局面对地震谣言，未及时采取有效措施去澄清谣言、引导舆论，致使该市群众处于"等地震"的恐慌状态。

第五，不服从上级人民政府对突发事件应急处置工作的统一领导、指挥和协调。如位于长江流域的某市，在汛期面临洪水威胁，为避免防洪大坝垮塌，该市政府研究决定辖区内的某县分洪，被该县拒绝。

第六，未及时组织开展生产自救、恢复重建等善后工作。如某山区县在遭受山洪、泥石流等灾害后，该县政府并未及时组织群众开展生产自救、恢复重建等工作，受灾群众尚未得到有效安置。

第七，截留、挪用、私分或者变相私分应急救援资金、物资。如灾区某镇工作人员孙某，利用职务便利，伙同他人私分国家民政部门调拨的棉服，致使该镇受灾群众无法正常过冬。

第八，不及时归还征用的单位和个人的财产，或者对被征用财产的单位和个人不按规定给予补偿。如某县政府为应对洪水灾害，临时向村民征用卡车一辆。此后，该县政府始终未向村民归还卡车。

第五章 经济法

第一节 反垄断法

1. 反垄断委员会的职责是什么?

反垄断委员会(商务部反垄断局)是由国务院依法设立,专门负责组织、协调、指导全国的反垄断工作,职责包括:第一,研究并拟订有关竞争政策;第二,组织调查、评估市场总体竞争状况,并发布评估报告;第三,制定、发布反垄断指南;第四,协调反垄断行政执法工作;第五,国务院规定的其他职责。此外,国务院反垄断执法机构具体负责反垄断执法工作。

2. 垄断协议的类型有哪些?

垄断协议,即排除、限制竞争的协议、决定或者其他协同行为。

一方面,具有竞争关系的经营者之间达成的垄断协议,具体包括:第一,固定或者变更商品价格。如某地水产批发协会组织会员达成固定扇贝销售价格的协议。第二,限制商品的生产数量或者销售数量。如某地十家金店达成限制黄金首饰销售数量的协议。第三,分割销售市场或者原材料采购市场。如某地三家科技公司通过划分销售对象来分割当地支付密码器销售市场。第四,限制购买新技术、新设备或者限制开发新技术、新产品。如某品牌 DVD 成员企业相互提供专利、相互自由使用专利，但不允许非成员企业使用该专利。第五，联合抵制交易。如某行业组织设置第三方经营者进入市场障碍协议。第六，国务院反垄断执法机构认定的其他垄断协议。

另一方面，经营者与交易相对人之间达成的垄断协议，具体包括：第一，固定向第三人转售商品的价格；第二，限定向第三人转售商品的最低价格；第三，国务院反垄断执法机构认定的其他垄断协议。

垄断协议大都是以相关行业组织的名义实施，为经营者之间或经营者与交易相对人之间达成垄断协议提供便利和支持。法律明文禁止行业协会组织本行业的经营者从事垄断行为，严格规范行业组织行为，确保市场竞争秩序良好。

3. 滥用市场支配地位的内容有哪些？

滥用市场支配地位，即具有市场支配地位的经营者滥用此种地位，对市场中的其他主体进行不公平的交易或排斥竞争对手的行为。具体包括：

第一，以不公平的高价销售商品或者以不公平的低价购买商品。如某地仅有的五家天然气销售企业以不公平的高价销售天然气，形成事实上的价格垄断。第二，没有正当理由，以低于成本的价格销售商品。如某地连锁药房在没有正当理由的情况下，以低于成本的价格销售电子血压计。第三，没有正当理由，拒绝与交易相对人进行交易。如某地供水公司在没有正当理由的情况下，拒绝向外地商户供水。第四，没有正当理由，限定交易相对人只能与其进行交易或者只能与其指定的经营者进行交易。如某地大型粮油公司在没有正当理由的情况下，要求该地餐饮行业与其进行交易。第五，没有正当理由搭售商品，或者在交易时附加其他不合理的交易条件。如某品牌汽车制造商在没有正当理由的情况下，要求顾客在购买汽车的同时，向该汽车制造商所属金融机构办理融资业务。第六，没有正当理由，对条件相同的交易相对人在交易价格等交易条件上实行差别待遇。如某地石油公司在没有正当理由的情况下，对外地客户实施高于本地客户的交易价格。第七，国务院反垄断执法机构认定的其他滥用市场支配地位的行为，此为兜底性条款。

4. 经营者集中的内容有哪些？

经营者集中，即经营者之间合并，或者取得对其他经营者的控制权、影响力。经营者集中是一把典型的"双刃剑"。一方面，有利于发挥规模经济的作用，提高经营者的市场竞争能力；另一方面，经营者过度集中又会产生或加强市场支配地位，最终限制市场竞争，损害竞争效率。具体包括：

第一，经营者合并。如某省一家地域性商业银行被另一家商业银行兼并，组成该省最大的商业银行。第二，经营者通过取得股权或者资产的方式取得对其他经营者的控制权。如国内某科技公司取得另一家国内大型餐饮集团近百分之六十的股权，取得该集团的实际控制权。第三，经营者通过合同等方式取得对其他经营者的控制权或者能够对其他经营者施加决定性影响。如某汽车制造公司与某钢铁集团就人力、业务、技术等达成协议，通过经营权的制约形成了事实上的集中形态。

经营者集中达到国务院规定的申报标准的，经营者应当事先向国务院反垄断执法机构申报，未申报的不得实施集中。申报标准具体包括：第一，参与集中的所有经营者上一会计年度在全球范围内的营业额合计超过一百亿元人民币，并且其中至少两个经营者上一会计年度在中国境内的营业额均超过四亿元人民币。第二，参与集中的所有经营者上一会计年度在中国境内的营业额合计超过二十亿元人民币，并且其中至少两个经营者上一会计年度在中国境内的营业额均超过四亿元人民币。

5. 行政垄断的内容有哪些?

行政垄断，即行政机关和法律、法规授权的具有管理公共事务职能的组织滥用行政权力，实施排除或限制市场竞争的行为。具体包括：

第一，限定或者变相限定单位或者个人经营、购买、使用其指定的经营者提供的商品；第二，对外地商品设定歧视性收费项目、实行歧视性收费标准，或者规定歧视性价格；第三，对外地商品规定与本地同类商品不同的技术要求、检验标准，或者对外地商品采取重复检验、重复认证等歧视性技术措施，限制外地商品进入本地市场；第四，采取专门针对外地商品的行政许可，限制外地商品进入本地市场；第五，设置关卡或者采取其他手段，阻碍外地商品进入或者本地商品运出；第六，妨碍商品在地区之间自由流通的其他行为；第七，设定歧视性资质要求、评审标准或者不依法发布信息等方式，排斥或者限制外地经营者参加本地的招标投标活动；第八，采取与本地经营者不平等待遇等方式，排斥或者限制外地经营者在本地投资或者设立分支机构；第九，强制经营者从事其他垄断行为，属于兜底性条款。

国家应采取有力措施消除行政垄断，以规范市场竞争秩序、确保市场竞争活力。

6. 反垄断执法机构恢复调查的情形有哪些？

对涉嫌垄断的行为，反垄断执法机构应依法调查。如果被调查的经营者承诺一定期限内采取具体措施消除后果，反垄断执法机构可决定中止调查；经营者履行承诺，反垄断执法机构可决定终止调查。但下列情形下，反垄断执法机构应恢复调查：第一，经营者未履行承诺；第二，作出中止调查决定所依据的事实发生重大变化；第三，中止调查的决定是基于经营者提供的不完整或者不真实的信息作出。此外，反垄断执法机构对涉嫌垄断行为调查核实后，认为构成垄断行为，应依法作出处理决定，并可向社会公布。

第二节 拍卖法

1. 拍卖标的是什么？

拍卖标的应当是委托人所有或者依法可以处分的物品或者财产权利。拍卖是对财产的转让，而转让财产的前提是转让人依法享有处分权。具体包括：

第一，拍卖标的应当是委托人所有或者依法可以处分的物品或者财产权利。"物品"是有形财产；"财产权利"是无形财产。

第二，对于法律、行政法规禁止买卖的物品或者财产权利，不得作为拍卖标的。如我国宪法规定，任何组织和个人不得买卖土地。

第三，法律对拍卖某些物品或者财产权利作出相应限制，即依照法律或者按照国务院规定需经审批才能转让的物品或者财产权利，在拍卖前，应当依法办理审批手续。

第四，法律对文物采取特殊保护政策，即在拍卖文物前，应当经拍卖人住所地的文物行政管理部门依法鉴定、许可。

第五，行政机关依法没收的物品，充抵税款、罚款的物品和其他物品，按照国务院规定应当委托拍卖的，由财产所在地的省、自治区、直辖市的人民政府和设区的市的人民政府指定的拍卖人进行拍卖。人民法院依法没收的物品，充抵罚金、罚款的物品以及无法返还的追回物品，也按照前述规定处理。

2. 设立拍卖企业的条件有哪些？

设立拍卖企业的条件，具体包括：第一，具备一百万元人民币以上的注册资本。如果企业从事文物拍卖，其注册资本应达到一千万元以上。第二，具备相应的名称、机构、住所和章程。第三，具备与从事拍卖业务相适应的拍卖师和其他工作人员。如果企业从事文物拍卖，应有具备文物拍卖专业知识人员。第四，符合相关法律规定的拍卖业务规则，规范企业拍卖活动。第五，符合国务院有关拍卖业发展的规定。第六，法律、行政法规规定的其他条件。具备上述条件后，企业应向所在地的省、自治区、直辖市人民政府负责管理拍卖业的部门审核批准，取得从事拍卖业务许可。

3. 拍卖师应具备哪些条件？

拍卖师应具备以下条件：第一，学历要求。应具有高等院校专科以上学历。第二，知识储备。应具备相应的拍卖专业知识。第三，从业经验。应在拍卖企业工作两年以上。第四，道德品质。品行良好，无重大违法记录。具备上述条件后，拍卖师还须通过全国统一的拍卖师资格考核，由拍卖行业协会发给拍卖师资格证书，才可从事拍卖工作。此外，曾被单位开除公职、吊销拍卖师资格证书未满五年或者因故意犯罪受过刑事处罚的人员不得担任拍卖师。

4. 委托人的权利义务有哪些？

委托人的权利：第一，自行办理委托拍卖手续，或者由其代理人代为办理委托拍卖手续；第二，确定拍卖标的的保留价并要求拍卖人予以保密；第三，在拍卖开始前可撤回拍卖标的。

委托人的义务：第一，向拍卖人说明拍卖标的的来源和瑕疵；第二，未作约定的，向拍卖人支付相关拍卖费用；第三，禁止参与竞买，也不得委托他人代为竞买；第四，拍卖成交后，将拍卖标的移交给买受人。

5. 拍卖的程序有哪些？

拍卖程序，即拍卖操作的整体过程。具体包括：

拍卖委托：第一，委托人应提供身份证明。委托人是自然人的，应提供身份证；委托人是法人的，应提供企业法人营业执照；委托人是其他组织的，应提供社团法人登记证明。第二，委托人应提供拍卖标的的所有权证明。第三，拍卖人应核实委托人提供的证明、材料。第四，拍卖人接受委托人委托，应与其签订书面委托拍卖合同。

拍卖公告与展示：第一，拍卖公告应于拍卖日七日前发布；第二，拍卖公告应载明拍卖时间与地点、拍卖标的、拍卖标的展示时间与地点、参与竞买应当办理的手续等内容；第三，拍卖公告应通过报纸或者其他新闻媒介对外发布；第四，拍卖人应在拍卖前展示拍卖标的，展示时间不少于两日。

拍卖实施：第一，拍卖师应于拍卖前宣布拍卖规则和注意事项；第二，拍卖标的无保留价，拍卖师应在拍卖前予以说明；第三，竞买人的最高应价经拍卖师落槌或者以其他公开表示买定的方式确认后，拍卖成交；第四，买受人和拍卖人应在拍卖结束后签署成交确认书。

拍卖标的的物交付：第一，拍卖标的物是动产的，委托人应交付给买受人；第二，拍卖标的物是不动产或者需要办理证照变更、产权过户手续的，委托人、买受人应当持拍卖人出具的成交证明和有关材料，向有关行政管理机关办理手续。

6. 如何确定佣金？

佣金，即委托人、买受人在拍卖成交后按照一定比例向拍卖人支付的费用。佣金的确定：第一，委托人、买受人可以与拍卖人约定佣金的比例；第二，未约定佣金比例且拍卖成交的，拍卖人可以向委托人、买受人各收取不超过拍卖成交价百分之五的佣金，该比例按照同拍卖成交价成反比的原则确定；第三，未约定佣金比例且拍卖未成交的，拍卖人可以向委托人收取约定的费用。未作约定的，可以向委托人收取为拍卖支出的合理费用。

此外，拍卖行政机关依法没收的物品，充抵税款、罚款的物品和其他物品，以及人民法院依法没收的物品，充抵罚金、罚款的物品以及无法返还的追回物品，如果成交的，拍卖人可以向买受人收取不超过拍卖成交价百分之五的佣金，该比例按照同拍卖成交价成反比的原则确定；如果未成交的，则按照上述规定收取费用。

第三节 招标投标法

1. 哪些工程建设项目必须招标？

在我国境内工程建设项目必须进行招标，具体包括：第一，大型基础设施、公用事业等关系社会公共利益、公众安全的项目；第二，全部或者部分使用国有资金投资或者国家融资的项目；第三，使用国际组织或者外国政府贷款、援助资金的项目。此外，上述工程建设项目的勘察、设计、施工、监理以及与工程建设有关的重要设备、材料等的采购，在达到下述标准时，也必须进行招标：第一，施工单项合同估算价在二百万元人民币以上；第二，重要设备、材料等货物的采购，单项合同估算价在一百万元人民币以上；第三，勘察、设计、监理等服务的采购，单项合同估算价在五十万元人民币以上；第四，单项合同估算价低于上述三项标注规定的标准，但项目总投资额在三千万元人民币以上。

2. 什么是公开招标？

公开招标，即招标人以招标公告的方式邀请不特定的法人或者其他组织投标。内容包括：第一，适用范围。公开招标通常适用于工程建设项目，适用范围较广。第二，发布方式。招标人采用公开招标方式，应当向社会发布招标公告。第三，发布范围。公开招标是针对不特定的法人或者其他组织，招标人事先并不知道投标人的相关情况。第四，竞争力度。公开招标的竞争力度较强，招标人选择余地较大，能够获得最佳招标效果。第五，公开程度。公开招标的公开程度较高，严格依照程序和标准进行，使徇私舞弊没有可能。第六，成本高低。公开招标程序烦琐、耗时较长，成本较高。

3. 什么是邀请招标？

邀请招标，也被称为有限竞争性招标，即招标人以投标邀请书的方式邀请特定的法人或者其他组织投标。内容包括：第一，适用范围。邀请招标适用于采购比较特殊的项目，或者当使用公开招标方式所需时间和费用与项目总金额不成比例的项目，适用范围相对较窄。此外，国务院发展计划部门确定的国家重点项目和省、自治区、直辖市人民政府确定的地方重点项目不适宜公开招标的，应经国务院发展计划部门或者省、自治区、直辖市人民政府批准，才可邀请招标。国有资金占控股或者主导地位的依法必须进行招标的项目，应当公开招标；但有下列情形之一的，可以邀请招标：（一）技术复杂、有特殊要求或者受自然环境限制，只有少量潜在投标人可供选择；（二）采用公开招标方式的费用占项目合同金额的比例过大。第二，发布方式。招标人采用邀请招标方式，应当发布投标邀请书。第三，发布范围。邀请招标是针对特定的法人或者其他组织，招标人事先知道投标人的相关情况。第四，竞争力度。邀请招标的竞争力度较低，招标人选择余地小，不易获得最佳招标效果。第五，公开程度。邀请招标的公开程度较低，使徇私舞弊成为可能。第六，成本高低。邀请招标程序简单、耗时较短，成本较低。

4. 什么是招标代理机构？

招标代理机构，即依法设立、从事招标代理业务并提供相关服务的社会中介组织。成立条件：第一，有从事招标代理业务的营业场所和相应资金；第二，有能够编制招标文件和组织评标的相应专业力量。此外，招标代理机构与行政机关和其他国家机关不得存在隶属关系或者其他利益关系；招标人有权自行选择招标代理机构，委托其办理招标事宜，任何单位和个人不得以任何方式为招标人指定招标代理机构；招标代理机构应当在招标人委托的范围内办理招标事宜，并遵守本法关于招标人的规定。

5. 投标人不得从事哪些行为？

投标人不得从事以下行为：第一，不得相互串通投标报价，不得排挤其他投标人的公平竞争，损害招标人或者其他投标人的合法权益；第二，不得与招标人串通投标，损害国家利益、社会公共利益或者他人的合法权益；第三，不得以向招标人或者评标委员会成员行贿的手段谋取中标；第四，不得以低于成本的报价竞标，也不得以他人名义投标或者以其他方式弄虚作假，骗取中标。此外，投标人应具备承担招标项目的能力，须按照招标文件的要求和条件编制投标文件，在规定时间内将其送达投标地点。

6. 投标人向招标人提出异议的情形有哪些？

投标人向招标人提出异议的情形，具体包括：第一，对资格预审文件有异议，应当在提交资格预审申请文件截止时间二日前提出；对招标文件有异议，应当在投标截止时间十日前提出。招标人应当自收到异议之日起三日内作出答复。作出答复前，暂停招标投标活动。第二，对开标有异议的，应当在开标现场提出，招标人应当场作出答复，并制作记录。第三，对依法必须进行招标的项目的评标结果有异议，应当在中标候选人公示期间提出。招标人应当自收到异议之日起三日内作出答复。作出答复前，暂停招标投标活动。

第四节　产品质量法

1. 什么是产品质量监督抽查？

　　产品质量监督抽查，即市场监督管理部门为监督产品质量，依法组织对我国境内生产、销售的产品进行有计划的随机抽样、检验，并对抽查结果予以公布并处理。内容包括：第一，抽查对象。抽查涉及人体健康和人身财产安全的产品、影响国计民生的重要工业产品以及消费者或相关组织反映有质量问题的产品。第二，抽查费用。监督抽查所需样品的抽取、购买、运输、检验、处置以及复查等工作费用，按照国家有关规定列入同级政府财政预算，不得向被抽查企业收取检验费用。第三，抽查类型。国家监督抽查的产品，地方不得另行重复抽查。上级监督抽查的产品，下级不得另行重复抽查，以免对生产者、经营者造成不必要的损失和影响。第四，抽查期限。同一市场监督管理部门不得在六个月内对同一生产者按照同一标准生产的同一商标、同一规格型号的产品（以下简称同一产品）进行两次以上监督抽查。被抽样生产者、销售者在抽样时能够证明同一产品在六个月内经上级市场监督管理部门监督抽查的，下级市场监督管理部门不得重复抽查。对监督抽查发现的不合格产品的跟踪抽查和为应对突发事件开展的监督抽查，不受上述限制。

2. 销售者的产品质量责任和义务有哪些？

销售者的产品质量责任和义务，具体包括：

第一，建立并执行进货检查验收制度，验明产品合格证明和其他标识。即销售者应进行产品标识检查、产品感观检查和必要的产品内在质量的检验，确保产品质量符合相关标准。

第二，采取措施，保持销售产品的质量。即销售者应根据产品特点，采取防雨、防晒、控温、控湿等必要措施，保持产品原有质量。

第三，禁止销售国家明令淘汰并停止销售的产品和失效、变质的产品。

第四，销售的产品的标示应符合法律规定。如限期使用的产品，应在显著位置清晰地标明生产日期和安全使用期或者失效日期。

第五，禁止伪造产地，不得伪造或者冒用他人的厂名、厂址。"伪造产地"指产品在甲地生产，却标注乙地地名；"伪造或者冒用他人的厂名、厂址"指非法制作标注他人厂名、厂址的标识，或者擅自使用他人厂名、厂址的名称。

第六，禁止伪造或者冒用认证标志等质量标志。即不得非法制造认证标志或者未获得认证，擅自使用认证标志。

第七，禁止掺杂、掺假、以假充真、以次充好、以不合格产品冒充合格产品。"掺杂、掺假"指在产品中掺入杂质或者造假；"以假充真"指以甲产品冒充与其特性不同的乙产品；"以次充好"指以低等级、低档次的产品冒充高等级、高档次的产品。

3. 生产者承担赔偿责任的情形有哪些？

第一，因产品存在缺陷造成受害人人身伤害的。

第二，因产品存在缺陷造成受害人缺陷产品以外的其他财产损失的。

4. 生产者对财产损害不承担赔偿责任的情形有哪些？

因产品存在缺陷造成人身、缺陷产品以外的其他财产损害的，生产者应当承担赔偿责任。生产者不承担赔偿责任的情形，具体包括：第一，未将产品投入流通；第二，产品投入流通时，引起损害的缺陷尚不存在；第三，将产品投入流通时的科学技术水平尚不能发现缺陷的存在。此外，生产者对上述情形还负有证明责任，如果不能提供证据证明，则不能免除其赔偿责任，体现了举证责任倒置的原则。

5. 产品侵权损害赔偿范围有哪些？

存在缺陷的产品，通常会给受害人带来人身伤害或财产损失。对此，生产者、销售者、供货者等侵害人应承担相应的产品侵权损害赔偿责任，范围包括：第一，造成人身伤害，侵害人应赔偿医疗费、治疗期间的护理费、因误工减少的收入等费用；第二，造成残疾，侵害人还应支付残疾者生活自助具费、生活补助费、残疾赔偿金以及由其扶养的人所必需的生活费等费用；第三，造成死亡，侵害人应支付丧葬费、死亡赔偿金以及由死者生前扶养的人所必需的生活费等费用；第四，造成财产损失，侵害人应恢复原状或者折价赔偿。此外，受害人因此遭受其他重大损失，侵害人还应赔偿损失。

受害人因产品缺陷遭受人身伤害、财产损失后，可向该产品的生产者或者销售者的任何一方提出侵权损害赔偿的要求，依法享有选择索赔对象的权利。此外，产品侵权损害赔偿的诉讼时效期间为两年，自受害人知道或者应知其权益受到损害时起计算。

6. 给予国家工作人员行政处分的情形有哪些？

给予国家工作人员行政处分的情形，具体包括：第一，对产品生产、销售中的违法行为予以包庇、放纵；第二，给从事产品生产、销售违法行为的当事人通风报信，帮助其逃避查处；第三，阻挠、干预市场监督管理部门依法对产品生产、销售中的违法行为进行查处，并造成严重后果。此外，国家工作人员的上述行为如果构成犯罪，应依法追究其刑事责任。

第五节　土地管理法

1. 土地归谁所有？

城市市区的土地属于国家所有。农村和城市郊区的土地，除由法律规定属于国家所有的以外，属于农民集体所有；宅基地和自留地、自留山，属于农民集体所有。

2. 土地利用总体规划的编制原则有哪些？

土地利用总体规划的编制原则，具体包括：第一，落实国土空间开发保护要求，严格土地用途管制；第二，严格保护永久基本农田，严格控制非农业建设占用农用地；第三，提高土地节约集约利用水平；第四，统筹安排城乡生产、生活、生态用地，满足乡村产业和基础设施用地合理需求，促进城乡融合发展；第五，保护和改善生态环境，保障土地的可持续利用；第六，占用耕地与开发复垦耕地数量平衡、质量相当。

3. 基本农田保护区的范围有哪些？

国家实行永久基本农田保护制度。下列耕地应当根据土地利用总体规划划为永久基本农田，实行严格保护：（一）经国务院农业农村主管部门或者县级以上地方人民政府批准确定的粮、棉、油、糖等重要农产品生产基地内的耕地；（二）有良好的水利与水土保持设施的耕地，正在实施改造计划以及可以改造的中、低产田和已建成的高标准农田；（三）蔬菜生产基地；（四）农业科研、教学试验田；（五）国务院规定应当划为永久基本农田的其他耕地。各省、自治区、直辖市划定的永久基本农田一般应当占本行政区域内耕地的百分之八十以上，具体比例由国务院根据各省、自治区、直辖市耕地实际情况规定。

4. 征收土地的程序有哪些?

国家征收土地的,依照法定程序批准后,由县级以上地方人民政府予以公告并组织实施。县级以上地方人民政府拟申请征收土地的,应当开展拟征收土地现状调查和社会稳定风险评估,并将征收范围、土地现状、征收目的、补偿标准、安置方式和社会保障等在拟征收土地所在的乡(镇)和村、村民小组范围内公告至少三十日,听取被征地的农村集体经济组织及其成员、村民委员会和其他利害关系人的意见。多数被征地的农村集体经济组织成员认为征地补偿安置方案不符合法律、法规规定的,县级以上地方人民政府应当组织召开听证会,并根据法律、法规的规定和听证会情况修改方案。拟征收土地的所有权人、使用权人应当在公告规定期限内,持不动产权属证明材料办理补偿登记。县级以上地方人民政府应当组织有关部门测算并落实有关费用,保证足额到位,与拟征收土地的所有权人、使用权人就补偿、安置等签订协议;个别确实难以达成协议的,应当在申请征收土地时如实说明。相关前期工作完成后,县级以上地方人民政府方可申请征收土地。

5. 哪些建设用地可通过划拨方式取得?

根据法律规定,建设单位使用国有土地,应当以国有土地使用权出让、入股、作价出资以及国有土地租赁等有偿使用方式取得。但国家基于公共利益、经济发展、军事国防等因素的考虑,规定建设单位在经县级以上人民政府批准后,可通过划拨方式取得相关建设用地。具体包括:第一,国家机关用地和军事用地;第二,城市基础设施用地和公益事业用地;第三,国家重点扶持的能源、交通、水利等基础设施用地；第四，法律、行政法规规定的其他用地。

6. 农村集体经济组织依法可以收回土地使用权的情形有哪些？

根据法律规定，农村集体经济组织依法收回土地使用权的情形，具体包括：第一，为乡（镇）村公共设施和公益事业建设，需要使用土地。公共设施、公益事业均以公共利益为目的，农村集体经济组织可收回土地使用权并给予相应的补偿，但不得借此滥用权力。第二，不按照批准的用途使用土地。擅自改变土地用途属于违法行为，农村集体经济组织应收回土地使用权，属于惩罚性措施，不予补偿。第三，因撤销、迁移等原因而停止使用土地。这表明土地已闲置或荒芜，为合理利用土地资源，农村集体经济组织可收回土地使用权，重新安排利用，也不予补偿。

需要注意的是，农村集体经济组织在报经原批准用地的人民政府批准后，才可收回土地使用权。

第六节　城市房地产管理法

1. 设立房地产开发企业的条件有哪些？

设立房地产开发企业的条件，具体包括：第一，有自己的名称和组织机构；第二，有固定的经营场所；第三，有符合国务院规定的注册资本；第四，有足够的专业技术人员；第五，法律、行政法规规定的其他条件。

2. 房地产转让的方式有哪些?

房地产转让,是指房地产权利人通过买卖、赠与或者其他合法方式将其房地产转移给他人的行为。除买卖、赠与外,房地产转让的方式还包括:第一,以房地产作价入股、与他人成立企业法人,房地产权属发生变更;第二,一方提供土地使用权,另一方或者多方提供资金,合资、合作开发经营房地产,房地产权属发生变更;第三,因企业被收购、兼并或合并,房地产权属发生转移;第四,以房地产抵债;第五,权利主体之间互换房地产。

房地产转让时,房屋的所有权和该房屋占用范围内的土地使用权同时转让。由于房产所有权与房产所占土地使用权是不可分割地归属同一权利主体。因此,房地产转让时,其房产所有权和该房产占有范围内的土地使用权必须同时转让。

3. 不得转让的房地产有哪些?

不得转让的房地产,具体包括:第一,以出让方式取得土地使用权的,不符合法律规定的条件。第二,司法机关和行政机关依法裁定、决定查封或者以其他形式限制房地产权利。如税务稽查部门根据法律规定,查封拒不缴纳税款的当事人的办公场所。第三,依法收回土地使用权。如某县国土部门依法收回土地使用权,以推进棚户区改造。第四,共有房地产,未经其他共有人书面同意。如夫妻一方转让房地产,应取得另一方的书面同意。第五,权属存在争议,应妥善解决争议,再予以转让。第六,未依法登记领取权属证书。第七,法律、行政法规规定禁止转让的其他情形。

4. 转让房地产的条件有哪些？

转让以出让方式取得土地使用权的房地产，应符合以下条件：第一，按照出让合同约定已经支付全部土地使用权出让金，并取得土地使用权证书。第二，按照出让合同约定进行投资开发，属于房屋建设工程的，应完成开发投资总额的百分之二十五以上；属于成片开发土地的，形成工业用地或者其他建设用地条件。此外，转让房地产时房屋已经建成的，还应当持有房屋所有权证书。

转让以划拨方式取得土地使用权的房地产，应报有批准权的人民政府审批。准予转让的，受让方应办理土地使用权出让手续，并缴纳土地使用权出让金；决定不办理土地使用权出让手续的，转让方应将转让房地产所获收益中的土地收益上缴国家或者作其他处理。

5. 商品房预售的条件有哪些？

商品房预售的条件，具体包括：第一，已交付全部土地使用权出让金，并取得土地使用权证书；第二，持有建设工程规划许可证；第三，按提供预售的商品房计算，投入开发建设的资金达到工程建设总投资的百分之二十五以上，并已经确定施工进度和竣工交付日期；第四，向县级以上人民政府房产管理部门办理预售登记，取得商品房预售许可证明。此外，商品房预售人应将预售合同报县级以上人民政府房产管理部门和土地管理部门登记备案。商品房预售所得款项，必须用于有关的工程建设。

6. 房地产抵押的内容有哪些？

房地产抵押，即抵押人以房地产向抵押权人提供债务担保，当债务人不履行债务时，抵押权人有权拍卖房地产并优先受偿。内容包括：

第一，抵押范围。房屋所有权连同该房屋占用范围内的土地使用权，可设定抵押权。此外，以出让方式取得的土地使用权，可以设定抵押权。第二，抵押办理。房地产抵押，应当凭土地使用权证书、房屋所有权证书办理。第三，抵押合同。房地产抵押，抵押人和抵押权人应当签订书面抵押合同。第四，先行缴纳。设定房地产抵押权的土地使用权是以划拨方式取得的，在拍卖该房地产后，应从拍卖所得的价款中缴纳相当于应缴纳的土地使用权出让金后，抵押权人才可优先受偿。第五，受偿例外。房地产抵押合同签订后，土地上新增的房屋不属于抵押财产。拍卖时，可将土地上新增的房屋与抵押财产一同拍卖，对拍卖新增房屋所得，抵押权人无权优先受偿。

第七节　税收征收管理法

1. 税务登记的种类有哪些？

税务登记，即税务机关对纳税人的生产经营活动进行登记并据此对纳税人实施税务管理。税务登记是税务管理的首要环节和基础工作，是征纳双方税收法律关系成立的依据和证明。税务登记有利于税务机关掌握和控制经济税源，并对纳税人纳税义务的履行予以监督。

税务登记的种类，具体包括：第一，开业税务登记。即企业，企业在外地设立的分支机构和从事生产、经营的场所，个体工商户和从事生产、经营的事业单位自领取营业执照之日起三十日内，持有关证件向税务机关申报办理税务登记。此外，工商行政管理机关应当将办理登记注册、核发营业执照的情况，定期向税务机关通报。第二，变更税务登记。即从事生产、经营的纳税人，税务登记内容发生变化，自工商行政管理机关办理变更登记之日起三十日内，持有关证件向税务机关申报办理变更税务登记。第三，注销税务登记。即从事生产、经营的纳税人，在向工商行政管理机关申请办理注销登记之前，持有关证件向税务机关申报办理注销税务登记。

2. 发票的内容有哪些？

发票，即购销商品、提供或者接受服务以及从事其他经营活动所开具、收取的收付款凭证。发票的内容，具体包括：

第一，发票管理。税务机关是发票的主管机关，负责发票印制、领购、开具、取得、保管、缴销的管理和监督。此外，财政、审计、工商、公安等部门应配合税务机关做好发票管理工作。

第二，发票印制。增值税专用发票由国务院税务主管部门确定的企业印制，其他发票由省、自治区、直辖市税务机关确定的企业印制，任何组织和个人不得私自印制、伪造、变造发票。

第三，发票领购。单位和个人应持税务登记证件、经办人身份证明、发票专用章印模向主管税务机关办理发票领购手续，并按规定报告发票使用情况，税务机关应予查验。

第四，发票开具。销售商品、提供服务以及从事其他经营活动的单位和个人，对外发生经营业务收取款项，收款方应当向付款方开具发票；特殊情况下，由付款方向收款方开具发票。

第五，发票保管。开具发票的单位和个人应按照税务机关的规定存放和保管发票，不得擅自损毁。已经开具的发票存根联和发票登记簿，应当保存五年。保存期满，报经税务机关查验后销毁。

第六，发票检查。印制、使用发票的单位和个人，必须接受税务机关依法检查，如实反映情况，提供有关资料，不得拒绝、隐瞒。税务人员进行检查时，应当出示税务检查证。

3. 税款征收的方式有哪些？

税务机关应依法征收税款，不得违法开征、停征、多征、少征、提前征收、延缓征收或者摊派税款。税款征收的方式，具体包括：

第一，查账征收。税务机关按照纳税人提供的账表所反映的经营情况按照适用税率计算缴纳税款。适用于账簿、凭证、会计等核算制度比较健全，能够据此如实核算生产经营情况的纳税人。

第二，核定征收。税务机关对不能完整、准确提供纳税资料的纳税人采用特定方法确定其应纳税收或应纳税额，纳税人据此缴纳税款，包括查定征收、查验征收和定期定额三种方式。

第三，代理征收。适用于税源零星分散、不易控管纳税人的税款征收，包括代扣代缴、代收代缴两种方式。代扣代缴是指单位和个人从持有的纳税人收入中扣缴其应缴纳税款并向税务机关解缴；代收代缴是指与纳税人有经济往来关系的单位和个人借助经济往来关系向纳税人收取其应缴纳税款并向税务机关解缴。

第四，委托代征。税务机关根据有利于税收控管和方便纳税的原则，委托有关单位及人员代征零星分散和异地缴纳的税款。受托单位和人员按照代征证书要求，以税务机关的名义依法征收税款，纳税人不得拒绝；纳税人拒绝的，受托代征单位和人员应及时报告税务机关。

第五，汇算清缴。税务机关对纳税期限较长的纳税人实行分期预缴、到期结算、多退少补应纳税额，适用于基本建设项目期限较长的营业税和企业所得税等应纳税额的计算征收。

4. 偷税的法律责任是什么？

偷税，即纳税人采取一定手段蒙蔽税务机关，不缴或者少缴应纳税款。偷税行为包括：第一，纳税人伪造、变造、隐匿、擅自销毁账簿、记账凭证，不缴或者少缴应纳税款；第二，纳税人在账簿上多列支出或者不列、少列收入，不缴或者少缴应纳税款；第三，经税务机关通知，纳税人拒不申报或者进行虚假的纳税申报，不缴或者少缴应纳税款。此外，扣缴义务人也是偷税主体之一，采取上述手段，不缴或者少缴已扣、已收税款。

对于偷税行为，税务机关应追缴纳税人不缴或者少缴的税款、滞纳金，确保国家税收不受损失。此外，税务机关还应处不缴或者少缴税款百分之五十以上五倍以下的罚款。构成犯罪的，依法追究刑事责任。根据我国刑法规定，纳税人采取欺骗、隐瞒手段进行虚假纳税申报或者不申报，逃避缴纳税款数额较大并且占应纳税额百分之十以上的，处三年以下有期徒刑或者拘役，并处罚金；数额巨大并且占应纳税额百分之三十以上的，处三年以上七年以下有期徒刑，并处罚金。扣缴义务人采取上述手段，不缴或者少缴已扣、已收税款，数额较大的，依照上述规定处罚。

5. 骗税的法律责任是什么?

骗税,即行为人以假报出口或者其他欺骗手段,骗取国家出口退税款。特征包括:第一,行为人不限于纳税人,还包括所有实施欺骗行为,骗取国家出口退税的人;第二,行为人主观上具有骗取国家出口退税的直接故意;第三,行为人实施了以假报出口为主的欺骗手段。假报出口,即在没有出口货物的情形下,行为人向税务机关提供办理出口退税发票、出口货物销售明细账、出口货物报关单、出口收汇单证等有关凭证,冒充已出口货物,骗取国家出口退税。

对于骗税行为,税务机关应追缴行为人所骗取的退税款,并处骗取税款一倍以上五倍以下的罚款,维护国家税收利益和对外贸易秩序。此外,对骗取国家出口退税款的,税务机关可以在规定期间内停止为其办理出口退税。构成犯罪的,依法追究刑事责任。根据我国刑法规定,以假报出口或者其他欺骗手段,骗取国家出口退税款,数额较大的,处五年以下有期徒刑或者拘役,并处骗取税款一倍以上五倍以下罚金;数额巨大或者有其他严重情节的,处五年以上十年以下有期徒刑,并处骗取税款一倍以上五倍以下罚金;数额特别巨大或者有其他特别严重情节的,处十年以上有期徒刑或者无期徒刑,并处骗取税款一倍以上五倍以下罚金或者没收财产。

6. 抗税的法律责任是什么?

抗税,即行为人以暴力、威胁方法,拒不缴纳税款。内容包括:第一,主体为纳税人。非纳税人单独以暴力、威胁方法拒不缴纳税款,属于妨碍公务。第二,暴力方法。表现为冲击、打砸税务机关，使税务机关无法开展正常的税收活动，或者对履行税收职责的税务人员辱骂、推搡、殴打等不法行为。第三，威胁方法。即恐吓税务人员，使其不敢或者难以正常履行税收职责。

对于抗税行为，税务机关应追缴纳税人拒缴的税款、滞纳金，并依法追究刑事责任。根据我国刑法规定，以暴力、威胁方法拒不缴纳税款的，处三年以下有期徒刑或者拘役，并处拒缴税款一倍以上五倍以下罚金；情节严重的，处三年以上七年以下有期徒刑，并处拒缴税款一倍以上五倍以下罚金。此外，行为人情节轻微，未构成犯罪的，税务机关应追缴其拒缴的税款、滞纳金，并处拒缴税款一倍以上五倍以下罚款。

第八节 环境保护法

1. 什么是"三同时"制度？

根据法律规定，建设项目中防治污染的设施，应当与主体工程同时设计、同时施工、同时投产使用。此外，防治污染的设施应当符合经批准的环境影响评价文件的要求，不得擅自拆除或者闲置。

2. 重点排污单位应公开哪些信息？

重点排污单位应公开以下内容：第一，基础信息，即单位名称、组织机构代码、法定代表人、生产地址、联系方式，以及生产经营和管理服务的主要内容、产品及规模；第二，排污信息，即主要污染物及特征污染物的名称、排放方式、排放口数量和分布情况、排放浓度和总量、超标情况，以及执行的污染物排放标准、核定的排放总量；第三，防治污染设施的建设和运行情况；第四，建设项目环境影响评价及其他环境保护行政许可情况；第五，突发环境事件应急预案；第六，其他应当公开的环境信息。此外，列入国家重点监控企业名单的重点排污单位还应公开其环境自行监测方案。

3. 环境保护主管部门应公开哪些信息？

环境保护主管部门应公开以下信息：第一，国务院环境保护主管部门统一发布国家环境质量、重点污染源监测信息及其他重大环境信息；第二，省级以上人民政府环境保护主管部门定期发布环境状况公报；第三，县级以上人民政府环境保护主管部门和其他负有环境保护监督管理职责的部门，应当依法公开环境质量、环境监测、突发环境事件以及环境行政许可、行政处罚、排污费的征收和使用情况等信息，还应当将企业事业单位和其他生产经营者的环境违法信息记入社会诚信档案，及时向社会公布违法者名单。

4. 提起环保公益诉讼的社会组织应具备哪些条件？

针对污染环境、破坏生态，损害社会公共利益的行为，社会组织可以向人民法院提起诉讼，但应符合以下条件：第一，组织形式。经人民政府民政部门登记的社会团体、基金会以及社会服务机构等。第二，登记级别。依法在设区的市级以上人民政府民政部门登记，包括设区的市，自治州、盟、地区，不设区的地级市，直辖市的区以上人民政府民政部门。第三，组织宗旨。专门从事环境保护公益活动，即社会组织章程确定的宗旨和主要业务范围是维护社会公共利益，且从事环境保护公益活动。第四，违法记录。社会组织在提起诉讼前五年内未因从事业务活动违反法律、法规的规定受过行政、刑事处罚。此外，符合上述规定的社会组织向人民法院提起环保公益诉讼，人民法院应当依法受理。提起诉讼的社会组织不得通过诉讼谋取经济利益。

5. 按日连续处罚的程序是什么？

按日连续处罚的程序，具体包括：第一，处罚决定。环境保护主管部门检查发现排污者违法排放污染物的，应调查取证，并依法作出行政处罚决定。第二，责令改正。在当场认定或通过环境监测认定违法排放污染物的，环境保护主管部门应向排污者送达责令改正违法行为决定书。第三，复查情况。环境保护主管部门应在送达责令改正违法行为决定书之日起三十日内，以暗查方式组织对排污者违法排放污染物行为的改正情况实施复查。第四，实施处罚。排污者继续违法排放污染物或者拒绝、阻挠复查的，环境保护主管部门可对其实施按日连续处罚。第五，计罚方式。从责令改正违法行为决定书送达排污者之日的次日起，至环境保护主管部门复查发现违法排放污染物行为之日止，按日计罚。再次复查仍拒不改正的，计罚日数累计执行。第六，计罚数额。即原行政处罚决定确定的罚款数额乘以计罚日数。

6. 责令排污者停业、关闭的情形有哪些？

责令排污者停业、关闭的情形，具体包括：第一，两年内因排放含重金属、持久性有机污染物等有毒物质超过污染物排放标准受过两次以上行政处罚，又实施前列行为；第二，被责令停产整治后拒不停产或者擅自恢复生产；第三，停产整治决定解除后，跟踪检查发现又实施同一违法行为；第四，法律、法规规定的其他严重环境违法情形。排污者有上述情形的，由环境保护主管部门报经有批准权的人民政府责令其停业、关闭。

第六章 社会法

第一节 劳动合同法

1. 订立劳动合同的原则有哪些?

订立劳动合同的原则,即在劳动合同订立过程中双方当事人应当遵循的法律准则。具体包括:

第一,合法原则。即订立劳动合同的行为不得与法律、法规相抵触。订立劳动合同的主体、目的、内容、程序、形式均符合法律规定,合法原则是劳动合同有效且受国家法律保护的前提和基础。

第二,公平原则。即劳动合同当事人在订立劳动合同时,对劳动合同内容的约定,双方承担的权利义务中不能要求一方承担不公平的义务。如果双方订立的劳动合同因内容显失公平,那么该劳动合同中显失公平的条款无效。

第三,平等自愿原则。即订立劳动合同的双方当事人具有相同的法律地位,并且是出于自己的真实意思表示。当事人是以劳动关系平等主体资格出现的,存在平等的要求利益的权利,不存在命令与服从的关系,并且是在充分表达各自意见的基础上,平等协商达成的协议。

第四,协商一致原则。即当事人双方依法就劳动合同订立的有关事项,应采用协商的方法达成一致协议。如果在订立劳动合同时，双方当事人意思表示不能达成一致，该劳动合同就不能成立。

第五，诚实信用原则。即当事人订立劳动合同的行为必须诚实、信息必须真实，并且必须以自己的实际行动体现诚实信用，互相如实陈述相关情况，忠实履行合同内容。此外，当事人一方不得强制或者欺骗对方，也不得采取其他诱导方式使对方违背自己的真实意思而接受自己的条件。通过欺诈行为签订的劳动合同，受损害的一方有权解除该劳动合同。

2. 劳动合同的期限有哪些？

劳动合同的期限，即劳动合同的存续时间，是指双方当事人所订立的劳动合同起始和终止的时间，也是劳动关系具有法律约束力的期限。劳动合同的期限是劳动合同的必备条款，也是判定劳动合同是否具有法律约束力的基本依据。

劳动合同的期限，具体包括：第一，固定期限劳动合同。即用人单位与劳动者约定合同终止时间的劳动合同。劳动者与用人单位双方订立固定期限劳动合同，必须对劳动合同履行的起始和终止日期有具体明确的规定。期限届满，双方的劳动关系随即终止。如果经双方协商同意，还可以续订。固定期限劳动合同的适用范围较广，应变能力强，用人单位可根据生产需要和工作岗位的不同要求确定劳动合同期限以合理使用人才，并促进职工合理流动。对于固定期限劳动合同的期限，法律并未作具体规定，用人单位和劳动者协商一致可以选择三个月、一年、五年、十年或者更长时间。

第二，无固定期限劳动合同。即用人单位与劳动者约定无明确终止时间的劳动合同。无固定期限劳动合同有利于保护劳动者的合法权益，使劳动者就业更稳定，可以在用人单位做长期个人规划，从而提高劳动生产率，促进企业生产经营。在符合法律相关规定的情况下，任何一方均可以解除无固定期限劳动合同。以外，法律还对无固定期限劳动合同的订立作出相关规定，即劳动者在该用人单位连续工作满十年、用人单位初次实行劳动合同制度或者国有企业改制重新订立劳动合同时，劳动者在该用人单位连续工作满十年且距法定退休年龄不足十年以及连续订立两次固定期限劳动合同，并且劳动者不存在重大过错情形，除劳动者提出订立固定期限劳动合同外，用人单位应当订立无固定期限劳动合同。需要注意的是，用人单位自用工之日起满一年不与劳动者订立书面劳动合同，则视为用人单位与劳动者已订立无固定期限劳动合同。

第三，以完成一定工作任务为期限的劳动合同。即用人单位与劳动者约定以完成某项工作任务为合同期限的劳动合同。用人单位与劳动者协商一致，可订立以完成一定工作任务为期限的劳动合同，实质是一种定期的劳动合同。在该劳动合同中，用人单位与劳动者双方将完成某项工作或者任务作为确定劳动合同的起始、终止时间。该工作或任务的起始时间，就是劳动合同履行的起始时间；该工作或任务的完成时间，就是劳动合同履行的终止时间。

3. 劳动合同的必备条款有哪些？

劳动关系一旦在用人单位与劳动者之间建立并形成，双方就必须订立书面劳动合同。劳动合同由用人单位与劳动者协商一致，经用人单位与劳动者在劳动合同文本上签字或者盖章生效。为更好地保护劳动者的合法权益，明确用人单位的法定义务，法律对劳动合同的必备条款予以明确规定，具体包括：

第一，用人单位的名称、住所和法定代表人或者主要负责人。

用人单位的名称，即用人单位注册登记时所登记的名称；用人单位的住所，即用人单位注册登记时所登记的住所，是用人单位与其他法律主体发生法律关系的区域。如果用人单位有两个或者两个以上办事机构，应以用人单位主要办事机构所在地为住所；具有法人资格的用人单位，在劳动合同中应标明该用人单位注册登记时的法定代表人；不具有法人资格的用人单位，则必须在劳动合同中写明该用人单位的主要负责人。

第二，劳动者的姓名、住址和居民身份证或者其他有效身份证件号码。劳动者的姓名，即以有效身份证件所记载为准；劳动者的住所，即以户籍所在的居住地为准，经常居住地与住所不一致的，视经常居住地为住所；居民身份证号码，即居民身份证上所记载的号码。在订立劳动合同时，劳动者应如实填写姓名、住址和居民身份证或者其他有效身份证件号码，不得弄虚作假、冒名顶替。

第三，劳动合同期限。双方当事人在协商一致的情况下，可以选择订立固定期限劳动合同、无固定期限劳动合同或者以完成一定工作任务为期限的劳动合同。

第四，工作内容和工作地点。工作内容，即劳动者从事劳动的工种、岗位及劳动定额、产品质量标准等，是劳动者提供劳动的具体内容，也是劳动者判断自己能否胜任该工作的关键；工作地点，即劳动者从事相关工作的具体位置。用人单位应准确无误地告知劳动者工作内容、工作地点，充分保护劳动者的知情权，最大限度维护劳动者的合法权益。

第五，工作时间和休息休假。工作时间，即在法律规定的标准下，劳动者为履行劳动义务而根据劳动合同和集体合同的规定所付出的劳动时间。我国实行三种类型的劳动工作时间制度，即标准工时制度、不定时工作制度和综合计算工时制度。休息，即劳动者自行支配且无须履行劳动义务的时间。劳动者依法享有休息的权利，用人单位应当保证劳动者每周至少休息一日。此外，用人单位还应保证劳动者在一个工作日内享有一定的休息时间。休假，即劳动者无须履行劳动义务并具有工资保障的法定休息时间，用人单位应在元旦、春节、国际劳动节、国庆节等节日期间依法安排劳动者休假。

第六，劳动报酬。劳动报酬是劳动者为用人单位提供劳动而获得的直接回报，也是劳动者付出劳动的直接目的和生活来源。劳动者付出劳动并依照劳动合同及相关法律取得劳动报酬，是劳动者的基本权利；按时足额向劳动者支付劳动报酬，是用人单位的法定义务，不得以任何理由克扣、拖欠劳动报酬。

第七，社会保险。参加社会保险、缴纳保险费用是用人单位和劳动者的法定义务，双方都必须严格履行。社会保险包括养老保险、失业保险、医疗保险、工伤保险、生育保险。法律规定将社会保险列为劳动合同中的必备条款，意在明确双方法定义务，提醒彼此缴纳保费。

第八，劳动保护、劳动条件和职业危害防护。劳动保护，即用人单位提供的保护劳动者在工作中免遭身体伤害的保护及措施；劳动条件，即用人单位为劳动者提供的正常工作所必需的基本条件，如劳动场所、劳动工具；职业危害防护，即用人单位对劳动者在工作时可能产生的危害所采取的防护及措施。

用人单位提供的劳动合同文本未载明必备条款或者用人单位未将劳动合同文本交付给劳动者的，劳动行政部门应对其责令改正；给劳动者造成损害的，用人单位应承担赔偿责任。

4. 试用期的内容有哪些?

试用期，即用人单位与新录用的劳动者在劳动合同中约定的相互考察了解的期限。在试用期内，用人单位可考察了解劳动者是否胜任工作；劳动者可考察用人单位是否值得付出劳动。试用期并不是劳动合同的必备条款，而属于约定条款。

试用期期限：劳动合同期限三个月以上不满一年，试用期不得超过一个月；劳动合同期限一年以上不满三年，试用期不得超过二个月；三年以上固定期限和无固定期限的劳动合同，试用期不得超过六个月；以完成一定工作任务为期限的劳动合同或者劳动合同期限不满三个月的，不得约定试用期。

试用期次数：同一用人单位与同一劳动者只能约定一次试用期。在试用期内，用人单位对劳动者的人品、素质、技能等情况，经试用一次即可知晓，无须试用两次或两次以上。实践中，部分用人单位利用变更、续订劳动合同等情形，与劳动者多次约定试用期，严重侵害了劳动者的合法权益，应予禁止。

试用期约定：试用期包含在劳动合同期限内。劳动合同仅约定试用期，试用期不成立，该期限应为劳动合同期限。换言之，当事人只能在劳动合同中约定试用期，并且试用期是劳动合同期限的组成部分，试用期本身应包含在劳动合同期限之内。

试用期工资：劳动者在试用期的工资不得低于本单位同岗位最低档工资或者劳动合同约定工资的百分之八十，并不得低于用人单位所在地的最低工资标准。换言之，劳动者在试用期的工资不得低于当地最低工资标准，也不得低于用人单位同岗位最低档工资或者劳动合同约定工资的百分之八十，从而最大限度地维护劳动者的合法权益。

5. 劳动者单方解除劳动合同的情形有哪些?

劳动者单方解除劳动合同的情形,具体包括:第一,劳动者提前三十日书面通知解除。即劳动者提前三十日以书面形式通知用人单位,可解除劳动合同。第二,劳动者试用期内提前三天通知解除。即劳动者在试用期内提前三天通知用人单位,可解除劳动合同。第三,劳动者随时解除劳动合同。即用人单位出现法律规定情形时,劳动者可随时解除劳动合同,如用人单位未按照劳动合同约定提供劳动保护或者劳动条件、未及时足额支付劳动报酬、未依法为劳动者缴纳社会保险费、规章制度违反法律规定并损害劳动者权益等。第四,劳动者立即解除劳动合同。即用人单位以暴力、威胁或者非法限制人身自由的手段强迫劳动者劳动,或者用人单位违章指挥、强令冒险作业危及劳动者人身安全,劳动者可立即解除劳动合同,无须事先告知用人单位。用人单位的上述行为已直接危及劳动者的人身安全或者限制劳动者的人身自由,劳动者的生命健康权受到严重威胁。

6. 劳动合同终止的情形有哪些?

劳动合同终止,即劳动合同在法律效力上的终结。劳动合同终止的情形,具体包括:

第一,劳动合同期满。即劳动合同中所约定的劳动期限届满或相关工作任务的完成,无固定期限劳动合同并不存在劳动期限,该类合同不会因此而终止。

第二,劳动者开始依法享受基本养老保险待遇。享受基本养老保险待遇,标志着劳动者退出劳动力市场,不再具备法律意义上的主体资格，劳动合同就此终止。劳动者依法享受基本养老保险待遇的条件：首先，劳动者已达到国家法定退休年龄；其次，所在单位或个人依法参加养老保险并履行养老保险缴费义务；最后，劳动者个人缴费年限或视同缴费年限至少满十五年。

第三，劳动者死亡，或者被人民法院宣告死亡或者宣告失踪。宣告死亡，即劳动者下落不明达到法定期限，经利害关系人申请，由人民法院宣告其死亡的民事法律制度；宣告失踪，即劳动者下落不明达到法定期限，经利害关系人申请，由法院宣告其失踪并对其财产实行代管的法律制度。无论是自然死亡、宣告死亡，抑或宣告失踪，均意味着该劳动者法律主体的消灭，无法享受权利、承担义务，不能继续履行劳动合同，劳动合同随即终止。

第四，用人单位被依法宣告破产。破产，即用人单位的全部资产不足以清偿到期债务，债权人通过一定程序将用人单位的全部资产供其平均受偿，使用人单位免除不能清偿的其他债务，并由人民法院宣告其破产。一旦破产，用人单位的民事主体资格随之消灭，履行劳动合同成为不可能，劳动合同随即终止。

第五，用人单位被吊销营业执照、责令关闭、撤销或者用人单位决定提前解散。吊销营业执照，即工商行政机关依照法律规定对享有企业法人资格的用人单位实施的行政处罚。对企业法人而言，吊销营业执照意味着其法人资格被强行剥夺，法律主体资格也随之消灭；责令关闭，是指依法成立的公司、企业等用人单位在存续过程中，因违反法律等强制性规定，被有关政府部门依法查处，并责令其关闭；撤销，是指公司、企业等用人单位未经合法程序成立或者不符合相关法律规定，被有关政府部门发现后依法查处，并予以撤销；用人单位提前解散，即用人单位解散事由出现后，用人单位宣告解散，独立人格随即消灭。上述情形下，用人单位主体资格归于消灭，劳动合同随之终止。

7. 集体合同与劳动合同的区别有哪些？

集体合同，即工会或依法产生的职工代表代表职工一方与企业或企业派出代表，经集体谈判、平等协商等方式，就劳动报酬、工作时间、休息休假、劳动安全、保险福利等事项订立的书面协议；劳动合同，即劳动者与用人单位之间建立劳动关系，并明确双方权利和义务的书面协议。二者都是劳动关系调整体系的重要组成部分，但却在不同层面对劳动关系进行调整，具体表现：

第一，调整对象不同。集体合同是调整集体劳动关系，劳动合同是调整个别劳动关系。第二，合同主体不同。集体合同的一方当事人是职工整体，通常是由工会代表职工整体行使当事人权利，如果没有工会，则由依法选举产生的职工代表代表职工整体行使权利。另一方当事人是用人单位或者用人单位的派出代表。劳动合同的当事人一方是劳动者个人，另一方是用人单位。第三，合同内容不同。集体合同以职工集体普遍适用的劳动条件或劳动标准为主。劳动合同以确定个别劳动关系的具体内容为主。第四，成立时间不同。集体合同成立于劳动关系持续过程中。劳动合同成立于劳动者参加劳动之前。第五，效力范围不同。集体合同不仅对直接签订合同的工会、职工代表、用人单位代表产生约束力，而且对全体职工、全部劳动者产生约束力。劳动合同仅对直接签订劳动合同的劳动者和用人单位产生约束力。第六，合同标准不同。集体合同的标准高于劳动合同，劳动合同约定的劳动条件、劳动报酬等均不得低于集体合同所规定的标准。

8. 非全日制用工的内容有哪些?

非全日制用工,即以小时计酬为主的用工形式。内容包括:第一,劳动时间。劳动者在同一用人单位一般平均每日工作时间不超过四小时,每周工作时间累计不超过二十四小时的用工形式。第二,劳动合同。劳动者可以与一个或者一个以上用人单位订立劳动合同,后订立的劳动合同不得影响先订立的劳动合同的履行,不得约定试用期。第三,合同解除。双方当事人任何一方都可以随时通知对方终止用工,用人单位不向劳动者支付经济补偿。第四,劳动报酬。非全日制用工小时计酬标准不得低于用人单位所在地人民政府规定的最低小时工资标准,支付周期最长不得超过十五日。

第二节　安全生产法

1. 生产经营单位的主要负责人负有哪些职责?

生产经营单位的主要负责人是本单位安全生产第一责任人,对本单位的安全生产工作全面负责。其他负责人对职责范围内的安全生产工作负责。具体而言:第一,建立健全并落实本单位全员安全生产责任制,加强安全生产标准化建设;第二,组织制定并实施本单位安全生产规章制度和操作规程;第三,组织制定并实施本单位安全生产教育和培训计划;第四,保证本单位安全生产投入的有效实施;第五,组织建立并落实安全风险分级管控和隐患排查治理双重预防工作机制,督促、检查本单位的安全生产工作,及时消除生产安全事故隐患;第六,组织制定并实施本单位的生产安全事故应急救援预案；第七，及时、如实报告生产安全事故。

2. 生产经营单位特种作业的范围及作业人员应当具备何种资质?

特种作业人员须经专门的安全作业培训，取得相应资格，才可上岗作业，其范围由国务院负责安全生产监督管理部门会同国务院有关部门确定，具体包括：

第一，电工作业。即对电气设备进行运行、维护、安装、检修、改造、施工、调试等的作业，但不包含电力系统进网作业。第二，焊接与热切割作业。即运用焊接或者热切割方法对材料进行加工的作业。第三，高处作业。即专门或经常在坠落高度基准面 2 米及以上有可能坠落的高处进行的作业，包括起重机、电梯作业。第四，制冷与空调作业。即对大中型制冷与空调设备运行操作、安装与修理的作业。第五，煤矿井下电气作业。即从事煤矿井下机电设备的安装、调试、巡检、维修和故障处理，保证本班机电设备安全运行的作业。第六，金属、非金属矿山安全作业。第七，石油天然气安全作业。第八，冶金生产安全作业。第九，危险化学品安全作业。即从事危险化工工艺过程操作及化工自动化控制仪表安装、维修、维护的作业。第十，烟花爆竹安全作业。即从事烟花爆竹生产、储存中的药物混合、造粒、筛选、装药、筑药、压药、搬运等危险工序的作业。第十一，安全监管总局认定的其他作业，属于兜底性条款。

3. 从业人员在安全生产工作中的权利有哪些?

从业人员在安全生产工作中的权利，具体包括：第一，安全生产的知情权。即从业人员有获得安全生产教育和技能培训的权利，以及如实告知作业场所和工作岗位存在危险因素、防范措施及事故应急措施的权利。第二，获得符合国家标准的劳动防护用品的权利。即从业人员有权从生产经营单位获取符合国家标准的劳动防护用品，使自身生命健康免遭损害。第三，对安全生产问题提出批评、建议的权利。即从业人员有权对本单位安全生产管理工作存在的问题提出建议、批评、检举、控告，生产单位不得以此对从业人员作出不利处分。第四，对违章指挥和强令冒险作业的拒绝权。即从业人员对管理者作出的违章指挥和强令冒险作业，有权拒绝执行。第五，采取紧急避险措施的权利。即从业人员发现直接危及人身安全的紧急情况时，有权停止作业或者在采取紧急措施后撤离作业场所。第六，发生生产安全事故后，有权获得及时抢救和医疗救治及工伤保险赔付。

4. 从业人员在安全生产工作中的义务有哪些？

从业人员在安全生产工作中的义务，具体包括：第一，在作业过程中必须遵守本单位的安全生产规章制度和操作规程，服从管理，正确佩戴和使用劳动防护用品；第二，接受安全生产教育和培训，掌握本职工作所需要的安全生产知识，提高安全生产技能，增强事故预防和应急处理能力；第三，发现事故隐患或其他不安全因素应当及时向现场安全生产管理人员或本单位负责人报告。

5. 生产安全事故等级如何划分？

生产安全事故，即生产经营单位在生产经营活动中发生的造成人身伤亡或者直接经济损失的生产安全事故。此处不包括环境污染事故、核设施事故、国防科研生产事故。根据人员伤亡和直接经济损失，生产安全事故等级划分为：第一，特别重大事故，即造成三十人以上死亡，或者一百人以上重伤，或者一亿元以上直接经济损失的事故；第二，重大事故，即造成十人以上三十人以下死亡，或者五十人以上一百人以下重伤，或者五千万元以上一亿元以下直接经济损失的事故；第三，较大事故，即造成三人以上十人以下死亡，或者十人以上五十人以下重伤，或者一千万元以上五千万元以下直接经济损失的事故；第四，一般事故，即造成三人以下死亡，或者十人以下重伤，或者一千万元以下直接经济损失的事故。事故发生单位对事故发生负有责任的，依照下列规定处以罚款：（一）发生一般事故的，处十万元以上二十万元以下的罚款；（二）发生较大事故的，处二十万元以上五十万元以下的罚款；（三）发生重大事故的，处五十万元以上二百万元以下的罚款；（四）发生特别重大事故的，处二百万元以上五百万元以下的罚款。事故发生单位主要负责人未依法履行安全生产管理职责，导致事故发生的，依照下列规定处以罚款；属于国家工作人员的，并依法给予处分；构成犯罪的，依法追究刑事责任：（一）发生一般事故的，处上一年年收入百分之三十的罚款；（二）发生较大事故的，处上一年年收入百分之四十的罚款；（三）发生重大事故的，处上一年年收入百分之六十的罚款；（四）发生特别重大事故的，处上一年年收入百分之八十的罚款。

6. **生产经营单位的主要负责人未履行生产管理职责的后果是什么？**

生产经营单位的主要负责人未履行安全生产管理职责，由安全生产监督管理部门责令限期改正，处二万元以上五万元以下的罚款。逾期未改正，则处五万元以上十万元以下的罚款，并责令生产经营单位停产停业整顿；如果导致发生生产安全事故，则给予撤职处分。构成犯罪的，依法追究刑事责任。

生产经营单位的主要负责人受刑事处罚或者撤职处分，自刑罚执行完毕或者受处分之日起，五年内不得担任任何生产经营单位的主要负责人。对重大、特别重大生产安全事故负有责任的，终身不得担任本行业生产经营单位的主要负责人。

第三节　消费者权益保护法

1. 经营者与消费者进行交易，应遵循哪些原则？

经营者与消费者进行交易，应遵循以下原则：

第一，自愿原则。即消费者在交易活动中能够充分自主地表达自己的真实意愿，其在强迫、胁迫、欺诈时进行的交易活动归于无效。此外，消费者在交易活动中享有自主选择权。第二，平等原则。即消费者和经营者都具有互相独立的法律主体资格，各自法律地位完全平等。双方在交易活动中互不隶属，能够独立表达自己的意志。第三，公平原则。即交易活动应公道、合理，经营者和消费者的权利义务大致相当，并本着公平观念开展交易。此外，对于经营者和消费者之间的矛盾纠纷，相关部门应以公平理念予以处理。第四，诚实信用原则。即经营者和消费者进行交易活动时，应讲诚实、守信用，善意地行使权利和履行义务，不得规避法律规定和双方约定。经营者应诚实不欺，讲究信用；消费者也不得滥用权利，无理取闹。此外，经营者还应对消费者履行告知事宜、保护人身、协助交易、保管财物等义务。

2. 消费者的权利有哪些?

消费者的权利，具体包括:

第一，安全保障权。即消费者在购买、使用商品和接受服务时享有人身、财产安全不受损害的权利。此外，消费者还有权要求经营者提供的商品和服务，符合保障人身、财产安全的基本要求。

第二，实情知悉权。即消费者享有知悉其购买、使用的商品或者接受的服务之真实情况的权利。此外，消费者还有权根据商品或者服务的不同情况，要求经营者提供商品的价格、产地、用途、性能、规格、等级、主要成分、生产日期、有效期限、检验证明、使用方法、售后服务，以及服务的内容、规格、费用等有关情况。

第三，自主选择权。即消费者享有自主选择商品或者服务的权利。此外，消费者还有权自主选择提供商品或者服务的经营者，自主选择商品品种或者服务方式，自主决定购买或者不购买任何一种商品、接受或者不接受任何一项服务。消费者在自主选择商品或者服务时，还有权进行比较、鉴别和挑选。

第四，公平交易权。即消费者享有公平交易的权利。消费者在购买商品或者接受服务时，还有权获得质量保障、价格合理、计量正确等公平交易条件，有权拒绝经营者的强制交易行为。一方面，交易行为的发生必须在合理的条件下进行;另一方面，消费者有权拒绝经营者的强制交易行为。

第五，获得赔偿权。即消费者因购买、使用商品或者接受服务受到人身、财产损害，享有获得赔偿的权利。消费者在购物时会遇到经营者"买一赠一""购物后免费赠送礼品"等促销活动，如果该赠品存在质量问题，造成消费者人身、财产损失，经营者仍应承担损害赔偿责任。

第六，成立组织权。即消费者享有成立维护自身合法权益的社会组织的权利。应注意以下几点：首先，社会团体组织必须依法成立，履行法定程序，具备法定条件；其次，社会团体组织的宗旨是维护消费者自身合法权益，不得损害国家、社会、集体的利益和其他公民的权益；最后，消费者应依法向有关部门提交筹备申请书、主管单位批文、验资报告、场地使用权证明、章程草案等材料。

第七，获得知识权。即消费者享有获得有关消费和消费者权益保护方面的知识的权利。此外，消费者还应努力掌握所需商品或者服务的知识和使用技能，正确使用商品，提高自我保护意识。

第八，人格尊严、民族风俗习惯受尊重权。即消费者在购买、使用商品和接受服务时，享有人格尊严、民族风俗习惯得到尊重的权利。此外，消费者还享有个人信息依法得到保护的权利，经营者不得将其对外透露或非法出售。

第九，监督、批评、建议、检举、控告权。即消费者享有监督商品和服务以及保护消费者权益工作的权利。此外，消费者还有权检举、控告侵害消费者权益的行为和国家机关及其工作人员的违法失职行为，有权对保护消费者权益工作提出批评、建议。

3. 经营者的义务有哪些？

经营者的义务，具体包括：

第一，依法履行义务。即经营者向消费者提供商品或者服务，应恪守社会公德，诚信经营，不得设定不公平、不合理的交易条件，不得强制交易。此外，经营者和消费者有约定，应按照约定履行义务，双方约定不得违背法律的规定。

第二，听取意见、接受监督的义务。即经营者应听取消费者的意见，并接受消费者的监督。首先，经营者应允许消费者提出意见；其次，经营者应为消费者反映意见和行使监督提供便利；再次，经营者应正确对待消费者的意见和监督；最后，经营者应接受消费者组织、技术监督部门、工商行政部门及物价监督部门的监督。

第三，保障人身安全的义务。即经营者应保证其提供的商品或者服务符合保障人身、财产安全的要求，对可能危及人身、财产安全的商品和服务，应向消费者作真实说明和明确警示。此外，宾馆、商场、餐馆、银行、机场、车站、港口、影院等场所的经营者，应对消费者尽到安全保障义务。

第四，提供真实信息的义务。即经营者向消费者提供的商品或者服务的质量、性能、用途、有效期限等信息，应真实有效，不得作虚假宣传。此外，经营者提供的商品或者服务应明码标价。如商店须对其提供的商品价格明码标出，不仅给消费者购物提供重要依据，也可防止经营者随意抬价。

第五，标明真实名称和标记的义务。即经营者应标明其真实名称和标记。经营者的名称和标记，代表着经营者的商业信誉，是直接体现商品或者服务质量的重要标志。此外，租赁他人柜台或者场地的经营者，也应标明其真实名称和标记。

第六，出具单据的义务。即经营者提供商品或者服务，应按照国家规定或者商业惯例向消费者出具发票、收据等购货凭证或者服务单据。此外，消费者索要发票、收据等购货凭证或者服务单据的，经营者必须出具。

第七，质量担保义务。即经营者应保证在正常使用商品或者接受服务的情况下，其提供的商品或者服务应具有的质量、性能、用途和有效期限。但消费者在购买该商品或者接受该服务前已经知道其存在瑕疵，且存在该瑕疵不违反法律强制性规定的除外。此外，经营者以广告、产品说明、实物样品或者其他方式表明商品或者服务的质量状况的，应保证提供的商品或者服务的实际质量与表明的质量状况相符。

第八，更换、修理、退货义务。即经营者提供的商品或者服务不符合质量要求，消费者可依照国家规定、当事人约定选择退货或者要求经营者履行更换、修理等义务。没有国家规定或当事人约定，消费者可自收到商品之日起七日内退货；七日后符合法定解除合同条件的，消费者可及时退货，不符合法定解除合同条件，可要求经营者履行更换、修理等义务。

第九，限制格式条款的义务。即经营者在经营活动中使用格式条款，应以显著方式提请消费者注意商品或者服务的数量和质量、价款或者费用、履行期限和方式、安全注意事项和风险警示、售后服务、民事责任等与消费者有重大利害关系的内容，并按照消费者的要求予以说明。此外，经营者不得以格式条款、通知、声明、店堂告示等方式，作出排除或者限制消费者权利、减轻或者免除经营者责任、加重消费者责任等对消费者不公平、不合理的规定，不得利用格式条款并借助技术手段强制交易。

第十，不得侵犯人身自由的义务。即经营者不得侵犯消费者的人身自由，不得侮辱诽谤消费者，不得搜查消费者身体及其携带的物品。

第十一，提供重要信息的义务。即采用网络、电视、电话、邮购等方式提供商品或者服务的经营者，以及提供证券、保险、银行等金融服务的经营者，应向消费者提供经营地址、联系方式、商品或者服务的数量和质量、价款或者费用、履行期限和方式、安全注意事项和风险警示、售后服务、民事责任等信息。

第十二，保护个人信息的义务。即经营者收集、使用消费者个人信息，应遵循合法、正当、必要的原则，明示收集、使用信息的目的、方式和范围，并经消费者同意。此外，经营者对收集的消费者个人信息须严格保密，不得泄露、出售或者非法向他人提供。

4. 消费者协会的职责有哪些？

消费者协会是依法成立的对商品和服务进行社会监督的保护消费者合法权益的社会组织，职责包括：第一，向消费者提供消费信息和咨询服务，提高消费者维护自身合法权益的能力，引导文明、健康、节约资源和保护环境的消费方式；第二，参与制定有关消费者权益的法律、法规、规章和强制性标准；第三，参与有关行政部门对商品和服务的监督、检查；第四，就有关消费者合法权益的问题，向有关部门反映、查询，提出建议；第五，受理消费者的投诉，并对投诉事项进行调查、调解；第六，投诉事项涉及商品和服务质量问题的，可以委托具备资格的鉴定人鉴定，鉴定人应当告知鉴定意见；第七，就损害消费者合法权益的行为，支持受损害的消费者提起诉讼或者依照消费者权益保护法提起诉讼；第八，对损害消费者合法权益的行为，通过大众传播媒介予以揭露、批评。

5. **如何解决消费者与经营者之间的争议?**

消费者和经营者发生消费者权益争议,可通过下列途径解决:

第一,与经营者协商和解。即消费者主动与经营者取得联系,双方就消费者提出的要求反复协商、互谅互让,最终达成和解协议。

第二,请求消费者协会或者其他调解组织调解。即消费者直接向经营者所在地的消协投诉,由其对消费者和经营者进行说服劝导、沟通调解,促使双方达成协议。消协调解并不是解决消费者权益争议的必经程序,当事人不愿意调解、调解不能达成协议以及达成协议后一方反悔的,还可通过仲裁或者诉讼解决。

第三,向有关行政部门投诉。即消费者可向行政管理机关或国家监督部门投诉,要求公正处理。我国有关食品卫生、药品管理、价格管理、环境保护、医疗卫生、产品质量等保护消费者权益的法律规范中均包含有行政机关处理消费者权益纠纷的规定。

第四,提请仲裁机构仲裁。即消费者可根据仲裁条款或仲裁协议向仲裁机构提请仲裁,处理纠纷。当事人没有达成仲裁条款或仲裁协议,消费者申请仲裁,仲裁委员会不予受理;当事人达成仲裁条款或仲裁协议,消费者向人民法院起诉,人民法院不予受理,但仲裁条款或仲裁协议无效的除外。

第五,向人民法院提起诉讼。即消费者就争议向人民法院提起诉讼,由法院审理。诉讼是强有力的争议解决方式,在上述途径无法解决争议时,消费者可通过诉讼来维护自身合法权益。

6. **经营者承担民事责任的情形有哪些?**

经营者承担民事责任的情形,具体包括:第一,商品或者服务存在缺陷；第二，不具备商品应当具备的使用性能而出售时未作说明；第三，不符合在商品或者其包装上注明采用的商品标准；第四，不符合商品说明、实物样品等方式表明的质量状况；第五，生产国家明令淘汰的商品或者销售失效、变质的商品；第六，销售的商品数量不足；第七，服务的内容和费用违反约定；第八，对消费者提出的修理、重作、更换、退货、补足商品数量、退还货款和服务费用或者赔偿损失的要求，故意拖延或者无理拒绝；第九，法律、法规规定的其他损害消费者权益的情形。

第四节　社会保险法

1. 我国的社会保险有哪些？

我国的社会保险，具体包括：

第一，基本养老保险。即劳动者在达到法定老年年龄并从事某种劳动达到法定年限，被依法解除法定劳动义务后，便由国家和社会给予一定物质帮助，维持其老年生活的社会保险法律制度。

第二，基本医疗保险。即劳动者因患病或非因工负伤治疗期间，可获得必要的医疗费资助和疾病津贴的社会保险法律制度，以促进劳动者尽快恢复健康，并减轻其因患病、负伤而增加的额外开支负担。

第三，工伤保险。职工应当参加工伤保险，由用人单位缴纳工伤保险费，职工不缴纳工伤保险费。

第四，失业保险。即国家通过建立失业保险基金、使因失业而暂时中断生活来源的劳动者在法定期间内获得失业保险金，从而维持其基本生活水平的社会保险制度。

第五，生育保险。即用人单位通过筹集生育保险基金，解决生育妇女孕、产、哺乳期间的收入与生活保障问题，是针对女职工专门建立的社会保险制度。职工个人无须缴纳生育保险费，参保职工在产假期间即可享受生育津贴。

2. 在社会保险中，用人单位和劳动者的权利义务有哪些？

用人单位和劳动者作为社会保险法律关系的主体依法享有的权利，具体包括：第一，参加社会保险的权利。即属于社会保险法律、法规覆盖范围内的社会成员有权参加社会保险，社会保险经办机构不得拒绝。第二，接受服务的权利。即社会保险的被保险人有权要求社会保险经办机构依法提供各种社会保险服务，社会保险经办机构不得提供附加条件。第三，保险待遇请求权。即参加社会保险的社会成员，在特定的保险事件发生或出现时，有权要求保险经办机构依法支付保险待遇。第四，监督的权利。即社会保险的被保险人有权对其所在单位为其缴费情况进行监督。

用人单位和劳动者作为社会保险法律关系的重要主体依法应承担的义务，具体包括：第一，参加社会保险的义务。即用人单位和劳动者应依照法律规定参加社会保险。第二，缴费义务。即用人单位和劳动者应依法缴纳社会保险费，不得拖欠不缴。第三，协助义务。即用人单位和劳动者应协助保险经办机构完成相应社会保险工作，如收集信息、递交材料、提供证件等。

3. 领取基本养老保险金的条件有哪些?

参加基本养老保险的个人，达到法定退休年龄时累计缴费满十五年，可按月领取基本养老金。此外，参加基本养老保险的个人，达到法定退休年龄时累计缴费不足十五年，可以缴费至满十五年，按月领取基本养老金；也可转入新型农村社会养老保险或者城镇居民社会养老保险，按规定享受养老保险待遇。领取基本养老保险金的条件，具体包括:

第一，年龄条件。即老年年龄，是国家根据社会经济发展的需要、人口的平均寿命及劳动力供求状况对老年年龄所作的规定。对老年年龄的规定，通常采用年龄起点的方式规定。老年年龄的高低直接影响养老保险基金的筹集和发放。在我国，男性年满六十周岁，女性年满五十周岁即达到老年，有权享受养老保险待遇。第二，工龄条件。即工作年限，是劳动者以工资收入为其全部或主要生活来源的劳动年限。符合工龄条件，才有权享受养老保险待遇。第三，缴费年限。即缴费时间，是公民个人缴纳养老保险费的年限。对缴费年限予以明确规定，可以避免一些人在即将临近退休年龄才缴纳保险费并获得退休金，也可以避免部分新移民为获取养老保障而迁入，以此体现社会保险的公平原则和劳动者权利义务相一致的原则。

4. 不纳入基本医疗保险基金支付范围的医疗费用有哪些?

不纳入基本医疗保险基金支付范围的医疗费用，具体包括:

第一，应当从工伤保险基金中支付。基本医疗保险基金支付的前提条件是要求参保人员患病或非因工负伤，而工伤保险基金支付的前提条件是要求参保人员患职业病或因工负伤，二者是互补关系，这就决定了应当从工伤保险基金中支付的医疗费用不再纳入基本医疗保险基金支付范围。

第二，应当由第三人负担。社会保险具有较强的社会性，并以维护弱势群体利益为目的。对于因第三人原因造成的医疗费用，基本医疗保险基金原则上不予支付。如果第三人不支付或者无法确定第三人时，则由基本医疗保险基金先行支付，待基本医疗保险基金先行支付后，再向第三人追偿。

第三，应当由公共卫生负担。医疗费用一般包括公共卫生负担的医疗费用和基本医疗保险基金支付的医疗费用两大类。公共卫生一般是针对流行性、广泛性的传染疾病而言；基本医疗保险基金是针对独立的患病的参保人员个人。此外，公共卫生与疾控中心等部门直接相关，在发现急性、恶性传染病后需要立即上报国家相关部门；基本医疗保险基金则与医疗机构、药品经营单位等直接相关。

第四，在境外就医。在境外就医产生的医疗费用应由个人负担或他国社会保障制度给付。此外，由于在境外就医发生的医疗费用并非产生于国内定点医疗机构，基本医疗保险基金也无法覆盖。

5. 不认定为工伤的情形有哪些？

职工在工作中伤亡，不认定为工伤的情形，具体包括：

第一，故意犯罪。与过失犯罪相比，故意犯罪的主观恶性程度较高，具有严重的社会危害性，将故意犯罪行为排除在工伤认定之外，对于预防和减少犯罪起到一定的积极作用。对此，多数国家在立法上也均采取此规定，将故意犯罪所导致职工本人在工作中的伤亡排除在工伤认定之外，我国立法亦是如此。

第二，醉酒或者吸毒。在劳动过程中，不需要、不允许劳动者饮酒，许多用人单位的规章制度也禁止饮酒作业，特别是一些从事高危行业的企业更是如此。此外，吸毒行为不仅导致吸毒者对毒品产生严重的生理依赖，还严重损害吸毒者的心理健康，使劳动者无法正常从事劳动，无法为社会创造价值。

第三，自残或者自杀。自残是以各种方法残害劳动者自己的身体，而自杀则是以各种方法结束劳动者自身生命的行为。无论自残或自杀，都会使劳动者丧失相应的劳动能力。同时，自残或者自杀行为直接表明劳动者主观上存在故意，背离了工伤保险预防、补偿、康复的目的，应将其排除。

不认定工伤的情形还包括法律、行政法规规定的其他情形，作为兜底性条款，以方便相关部门及人员的操作执行。

6. 领取失业保险金的条件有哪些？

失业保险金，即失业保险经办机构依法支付给符合条件的失业人员的基本生活费用，是对失业人员在失业期间失去工资收入的一种临时性补偿，保障失业人员在失业期间的基本生活，失业保险金应从失业保险基金中列支。

领取失业保险金的条件，具体包括：第一，失业前用人单位和本人已经缴纳失业保险费满一年。即失业人员先前所在企事业单位和本人按照规定的缴费基数、费率和缴费时间缴纳失业保险费，并且缴纳期限满一年。第二，非因本人意愿中断就业。即终止劳动合同的原因在于被用人单位解除劳动合同或被用人单位开除、除名和辞退。此外，还包括用人单位违法或违反劳动合同导致职工辞职的情形。第三，已经进行失业登记，并有求职要求。办理失业登记是失业人员领取失业保险金的必经程序，以准确掌握失业人员的相关情况，并对其是否享有领取失业保险金资格予以确认。此外，失业人员还应有求职要求，这是基于失业保险以促进失业人员再就业为目的而具体规定的。

对失业者来说，失业保险仅能提供暂时的生活保障，只有重新寻得就业机会，劳动者的物质需求才能得到根本保障。对此，国家应不断加快发展社会经济，创造更多的就业岗位，着力发展和完善就业服务业，为失业人员实现再就业提供各种服务。同时，失业的劳动者也应积极主动地利用各种就业条件，不断提升职业技能和综合素质，增强竞争就业的各种能力。

7. 生育保险的内容有哪些？

生育保险，即用人单位女职工因怀孕和分娩而造成的暂时丧失劳动能力并中断正常收入来源，从社会获得物质帮助的社会保险制度。

生育保险具有以下特点：第一，生育保险费用仅由用人单位负担，职工本人不负担，而养老保险、医疗保险、失业保险则是由用人单位和职工本人共同负担；第二，生育保险以女职工因生育需要的身体康复和物质补偿为目的，以生育医疗费用和生育津贴为主。

生育医疗费用包括下列各项：第一，生育的医疗费用，即女职工因怀孕、生育发生的医疗检查费、接生费、手术费、住院费和药品费；第二，计划生育的医疗费用，即职工因实施计划生育而产生的相关医疗费用；第三，法律、法规规定的其他项目费用，属于兜底性条款。

职工享受生育津贴的情形：第一，女职工生育享受产假；第二，享受计划生育手术休假；第三，法律、法规规定的其他情形。此外，生育津贴按照职工所在用人单位上年度职工月平均工资计发。用人单位已缴纳生育保险费的，其职工享受生育保险待遇，职工未就业的，其配偶按照规定享受生育医疗费用待遇，所需资金从生育保险基金中支付。

8. 用人单位不办理社会保险登记的法律责任是什么？

根据法律规定，用人单位不办理社会保险登记，由社会保险行政部门责令限期改正；逾期不改正的，对用人单位处以应缴社会保险费数额一倍以上三倍以下的罚款，对其直接负责的主管人员和其他直接责任人员处以五百元以上三千元以下的罚款。换言之，用人单位不办理社会保险登记属于违法行为，应承担法律责任。

用人单位不办理社会保险登记的情形，具体包括：第一，用人单位自成立之日起三十日内未向当地社会保险经办机构申请办理社会保险登记；第二，用人单位的社会保险登记事项发生变更或者用人单位依法终止，未在自变更或者终止之日起三十日内，到社会保险经办机构办理变更或者注销社会保险登记；第三，用人单位未在自用工之日起三十日内为其职工向社会保险经办机构申请办理社会保险登记。

第五节 慈善法

1. 什么是慈善活动?

慈善活动,即自然人、法人和其他组织以捐赠财产或者提供服务等方式,自愿开展的公益活动。具体包括:第一,扶贫、济困;第二,扶老、救孤、恤病、助残、优抚;第三,救助自然灾害、事故灾难和公共卫生事件等突发事件造成的损害;第四,促进教育、科学、文化、卫生、体育等事业的发展;第五,防治污染和其他公害,保护和改善生态环境;第六,符合法律规定的其他公益活动。

自然人、法人和其他组织开展慈善活动,应当遵循合法、自愿、诚信、非营利的原则,不得违背社会公德,不得危害国家安全、损害社会公共利益和他人合法权益。

2. 慈善组织应符合哪些条件?

慈善组织,即依法成立并符合法律规定,以面向社会开展慈善活动为宗旨的非营利性组织,组织形式为基金会、社会团体、社会服务机构等。应符合以下条件:第一,以开展慈善活动为宗旨;第二,不以营利为目的;第三,有自己的名称和住所;第四,有组织章程;第五,有必要的财产;第六,有符合条件的组织机构和负责人;第七,法律、行政法规规定的其他条件。

3. 如何设立慈善组织?

慈善组织的设立采取"登记制",即发起人应当向县级以上人民政府民政部门申请登记,民政部门应当自受理申请之日起三十日内作出决定。符合法律规定的,准予登记并向社会公告;不符合法律规定的,不予登记并书面说明理由。此外,先前已设立的基金会、社会团体、社会服务机构等非营利性组织采取"认定制",即向其登记的民政部门申请认定为慈善组织,民政部门应当自受理申请之日起二十日内作出决定。符合慈善组织条件的,予以认定并向社会公告;不符合慈善组织条件的,不予认定并书面说明理由。

有特殊情况需要延长登记或者认定期限的,报经国务院民政部门批准,可以适当延长,但延长的期限不得超过六十日。

4. 不得担任慈善组织的负责人的情形有哪些?

慈善组织的负责人,即慈善组织的法定代表人或者代表慈善组织行使职权的人,通常是由慈善组织的发起人、主要捐赠人担任。

不得担任慈善组织的负责人的情形,具体包括:第一,无民事行为能力或者限制民事行为能力。慈善组织的负责人对外从事慈善活动、对内进行慈善管理,应当由具备完全民事行为能力的自然人担任。第二,因故意犯罪被判处刑罚,自刑罚执行完毕之日起未逾五年。与过失犯罪相比,故意犯罪具有较大的社会危害性,犯罪人也具有较强的主观恶性。如果由其担任负责人,慈善组织极有可能成为实施犯罪、危害社会的工具。第三,在被吊销登记证书或者被取缔的组织担任负责人,自该组织被吊销登记证书或者被取缔之日起未逾五年。吊销登记证书,即剥夺了相关组织的权利能力。取缔，即行政机关依法行使行政权力，强制解散非法存在的组织。对上述两种情形，该组织的负责人负有不可推卸的责任。第四，法律、行政法规规定的其他情形。

5. 慈善组织终止的情形有哪些？

慈善组织终止的情形，具体包括：第一，出现章程规定的终止情形。如慈善组织财产灭失、管理混乱、无法履行或者目标实现等。第二，因分立、合并需要终止。即慈善组织分立或合并为其他慈善组织。第三，连续两年未从事慈善活动。这属于法定终止情形，以督促慈善组织尽快开展公益活动。第四，依法被撤销登记或者吊销登记证书。第五，法律、行政法规规定应当终止的其他情形。

慈善组织终止后，其决策机构应当在上述情形出现之日起三十日内成立清算组进行清算，并向社会公告。不成立清算组或者清算组不履行职责的，民政部门可以申请人民法院指定有关人员组成清算组进行清算。

6. 什么是公开募捐？

公开募捐，即慈善组织向社会不特定的多数人募集财产的活动。与其相对应的是定向募捐，即慈善组织向社会特定的少数人募捐财产的活动。自登记之日起，慈善组织即可开展定向募捐。慈善组织开展公开募捐，应当取得公开募捐资格，满足以下条件：第一，慈善组织依法登记满二年；第二，慈善组织内部治理结构健全、运作规范。

慈善组织应向其登记的民政部门申请公开募捐资格，民政部门应当自受理申请之日起二十日内作出决定。符合条件的，发给公开募捐资格证书；不符合条件的，应书面说明理由。此外，法律、行政法规规定自登记之日起可以公开募捐的基金会和社会团体，由民政部门直接发给公开募捐资格证书。

7. 慈善组织要求捐赠人交付捐赠财产的情形有哪些？

慈善组织要求捐赠人交付捐赠财产的情形，具体包括：第一，捐赠人通过广播、电视、报刊、互联网等媒体公开承诺捐赠；第二，捐赠人捐赠财产用于扶贫、济困、扶老、救孤、恤病、助残、优抚，并与慈善组织签订书面捐赠协议；第三，捐赠人捐赠财产用于救助自然灾害、事故灾难和公共卫生事件等突发事件造成的损害，并与慈善组织签订书面捐赠协议。

慈善组织提出交付要求，捐赠人仍拒绝交付的，慈善组织可以依法向人民法院申请支付令或者提起诉讼。此外，捐赠人公开承诺捐赠或者签订书面捐赠协议后经济状况显著恶化，严重影响其生产经营或者家庭生活的，经向公开承诺捐赠地或者书面捐赠协议签订地的民政部门报告并向社会公开说明情况后，可以不再履行捐赠义务。

8. 法律对慈善财产的规范有哪些？

法律对慈善财产的规范，具体包括：第一，构成上，慈善财产包括发起人捐赠资助的创始财产、慈善组织自行募集的财产和慈善组织的其他财产。第二，使用上，慈善财产应全部用于慈善目的，不得在发起人、捐赠人以及慈善组织成员中分配，任何组织和个人都不得私分、挪用、截留或者侵占慈善财产。第三，管理上，对募集的财产，慈善组织应登记造册，严格管理，专款专用。对不易储存、运输的实物，慈善组织可以依法拍卖或者变卖。第四，投资上，慈善组织的重大投资方案应经决策机构组成人员三分之二以上同意，其成员不得在投资的企业兼职或者领取报酬。此外，政府资助的财产和捐赠协议约定不得投资的财产，不得用于投资。第五，变更上，慈善组织变更募捐方案所规定的捐赠财产用途，应报民政部门备案。慈善组织变更捐赠协议约定的捐赠财产用途，应征得捐赠人同意。

9. 慈善组织应公开哪些信息？

慈善组织应公开以下信息：第一，向社会公开组织章程和决策、执行、监督机构成员信息；第二，向社会公开其年度工作报告和财务会计报告；第三，向社会公开其募捐情况和慈善项目实施情况，适用于具有公开募捐资格的慈善组织；第四，向捐赠人告知募捐情况、募得款物的管理使用情况，适用于开展定向募捐的慈善组织；第五，向受益人告知其资助标准、工作流程和工作规范等信息；第六，向社会公开国务院民政部门要求公开的信息。

慈善组织不得公开涉及国家秘密、商业秘密、个人隐私的信息以及捐赠人、慈善信托的委托人不同意公开的姓名、名称、住所、通讯方式等信息。

10. 慈善组织违法开展募捐活动的情形有哪些？

慈善组织违法开展募捐活动的情形，具体包括：第一，不具有公开募捐资格的组织或者个人开展公开募捐；第二，通过虚构事实等方式欺骗、诱导募捐对象实施捐赠；第三，向单位或者个人摊派或者变相摊派；第四，妨碍公共秩序、企业生产经营或者居民生活。

对上述情形，民政部门应予以警告、责令停止募捐活动；责令将违法募集的财产退还捐赠人，难以退还的，由民政部门予以收缴，转给其他慈善组织用于慈善目的；对有关组织或者个人处两万元以上二十万元以下罚款。此外，广播、电视、报刊以及网络服务提供者、电信运营商，未验证利用其平台开展公开募捐的慈善组织的登记证书、公开募捐资格证书，应由其主管部门予以警告，责令限期改正；逾期不改正的，予以通报批评。

第六节　未成年人保护法

1. 未成年人的基本权利有哪些?

未成年人的基本权利，具体包括：

第一，生存权。即未成年人享有生命权、健康权和获得基本生活保障等方面的权利，包括未成年人享有生命、医疗保障、国籍、姓名、获得足够食物、拥有住所以及获得其他基本医疗生活保障的权利。

第二，发展权。即未成年人享有充分发展其全部体能和智力的权利，包括未成年人有权接受正规和非正规的教育，有权享有促进其身体、心理、精神、道德等全面发展的生活条件。

第三，受保护权。即未成年人享有不受歧视、虐待和忽视的权利，包括保护未成年人免受歧视、剥削、酷刑、暴力或者疏忽照料，以及对失去家庭和处于特殊困境中的未成年人给予的特别保护。

第四，参与权。即未成年人享有参与家庭和社会生活，并就影响其生活的事项独立发表观点、意见的权利，成年人还应当尊重未成年人的价值观念和基本想法。

对于未成年人的基本权利，国家应予以特殊、优先保护。未成年人不分民族、种族、性别、户籍、职业、宗教信仰、教育程度、家庭状况、身心健康状况等，依法平等地享有权利。

2. 家庭保护未成年人的内容有哪些？

未成年人的父母或者其他监护人应当履行下列监护职责：第一，为未成年人提供生活、健康、安全等方面的保障；第二，关注未成年人的生理、心理状况和情感需求；第三，教育和引导未成年人遵纪守法、勤俭节约，养成良好的思想品德和行为习惯；第四，对未成年人进行安全教育，提高未成年人的自我保护意识和能力；第五，尊重未成年人受教育的权利，保障适龄未成年人依法接受并完成义务教育；第六，保障未成年人休息、娱乐和体育锻炼的时间，引导未成年人进行有益身心健康的活动；第七，妥善管理和保护未成年人的财产；第八，依法代理未成年人实施民事法律行为；第九，预防和制止未成年人的不良行为和违法犯罪行为，并进行合理管教；第十，其他应当履行的监护职责。

未成年人的父母或者其他监护人不得实施下列行为：第一，虐待、遗弃、非法送养未成年人或者对未成年人实施家庭暴力；第二，放任、教唆或者利用未成年人实施违法犯罪行为；第三，放任、唆使未成年人参与邪教、迷信活动或者接受恐怖主义、分裂主义、极端主义等侵害;第四,放任、唆使未成年人吸烟(含电子烟,下同)、饮酒、赌博、流浪乞讨或者欺凌他人;第五,放任或者迫使应当接受义务教育的未成年人失学、辍学;第六,放任未成年人沉迷网络,接触危害或者可能影响其身心健康的图书、报刊、电影、广播电视节目、音像制品、电子出版物和网络信息等;第七,放任未成年人进入营业性娱乐场所、酒吧、互联网上网服务营业场所等不适宜未成年人活动的场所;第八,允许或者迫使未成年人从事国家规定以外的劳动;第九,允许、迫使未成年人结婚或者为未成年人订立婚约;第十,违法处分、侵吞未成年人的财产或者利用未成年人牟取不正当利益;第十一,其他侵犯未成年人身心健康、财产权益或者不依法履行未成年人保护义务的行为。

此外,未成年人的父母或者其他监护人应当为未成年人提供安全的家庭生活环境,及时排除引发触电、烫伤、跌落等伤害的安全隐患;采取配备儿童安全座椅、教育未成年人遵守交通规则等措施,防止未成年人受到交通事故的伤害;提高户外安全保护意识,避免未成年人发生溺水、动物伤害等事故。根据未成年人的年龄和智力发展状况,在作出与未成年人权益有关的决定前,听取未成年人的意见,充分考虑其真实意愿。发现未成年人身心健康受到侵害、疑似受到侵害或者其他合法权益受到侵犯的,应当及时了解情况并采取保护措施;情况严重的,应当立即向公安、民政、教育等部门报告。未成年人的父母或者其他监护人不得使未满八周岁或者由于身体、心理原因需要特别照顾的未成年人处于无人看护状态,或者将其交由无民事行为能力、限制民事行为能力、患有严重传染性疾病或者其他不适宜的人员临时照护。不得使未满十六周岁的未成年人脱离监护单独生活。

3. 如何防控学生欺凌行为？

学校应当建立学生欺凌防控工作制度，对教职员工、学生等开展防治学生欺凌的教育和培训。学校对学生欺凌行为应当立即制止，通知实施欺凌和被欺凌未成年学生的父母或者其他监护人参与欺凌行为的认定和处理；对相关未成年学生及时给予心理辅导、教育和引导；对相关未成年学生的父母或者其他监护人给予必要的家庭教育指导。对实施欺凌的未成年学生，学校应当根据欺凌行为的性质和程度，依法加强管教。对严重的欺凌行为，学校不得隐瞒，应当及时向公安机关、教育行政部门报告，并配合相关部门依法处理。

4. 社会保护未成年人的内容有哪些？

社会保护未成年人的内容，具体包括：

第一，禁止制作、复制、出版、发布、传播含有宣扬淫秽、色情、暴力、邪教、迷信、赌博、引诱自杀、恐怖主义、分裂主义、极端主义等危害未成年人身心健康内容的图书、报刊、电影、广播电视节目、舞台艺术作品、音像制品、电子出版物和网络信息等。禁止制作、复制、发布、传播或者持有有关未成年人的淫秽色情物品和网络信息。

第二，禁止拐卖、绑架、虐待、非法收养未成年人，禁止对未成年人实施性侵害、性骚扰。禁止胁迫、引诱、教唆未成年人参加黑社会性质组织或者从事违法犯罪活动。禁止胁迫、诱骗、利用未成年人乞讨。

第三，生产、销售用于未成年人的食品、药品、玩具、用具和游戏游艺设备、游乐设施等，应当符合国家或者行业标准，不得危害未成年人的人身安全和身心健康。上述产品的生产者应当在显著位置标明注意事项，未标明注意事项的不得销售。

第四，未成年人集中活动的公共场所应当符合国家或者行业安全标准，并采取相应安全保护措施。对可能存在安全风险的设施，应当定期进行维护，在显著位置设置安全警示标志并标明适龄范围和注意事项；必要时应当安排专门人员看管。

第五，学校、幼儿园周边不得设置营业性娱乐场所、酒吧、互联网上网服务营业场所等不适宜未成年人活动的场所。营业性歌舞娱乐场所、酒吧、互联网上网服务营业场所等不适宜未成年人活动场所的经营者，不得允许未成年人进入；游艺娱乐场所设置的电子游戏设备，除国家法定节假日外，不得向未成年人提供。经营者应当在显著位置设置未成年人禁入、限入标志；对难以判明是否是未成年人的，应当要求其出示身份证件。

第六，学校、幼儿园周边不得设置烟、酒、彩票销售网点。禁止向未成年人销售烟、酒、彩票或者兑付彩票奖金。烟、酒和彩票经营者应当在显著位置设置不向未成年人销售烟、酒或者彩票的标志；对难以判明是否是未成年人的，应当要求其出示身份证件。任何人不得在学校、幼儿园和其他未成年人集中活动的公共场所吸烟、饮酒。

第七，禁止向未成年人提供、销售管制刀具或者其他可能致人严重伤害的器具等物品。经营者难以判明购买者是否未成年人的，应当要求其出示身份证件。

第八，任何组织或者个人不得招用未满十六周岁的未成年人，国家另有规定的除外。营业性娱乐场所、酒吧、互联网上网服务营业场所等不适宜未成年人活动的场所不得招用已满十六周岁的未成年人。招用已满十六周岁未成年人的单位和个人应当执行国家在工种、劳动时间、劳动强度和保护措施等方面的规定，不得安排其从事过重、有毒、有害等危害未成年人身心健康的劳动或者危险作业。任何组织或者个人不得组织未成年人进行危害其身心健康的表演等活动。经未成年人的父母或者其他监护人同意，未成年人参与演出、节目制作等活动，活动组织方应当根据国家有关规定，保障未成年人合法权益。

5. 人民法院应如何保护未成年人的合法权益？

人民法院应当依法履行职责，在司法活动中保护未成年人的合法权益：第一，对需要法律援助或者司法救助的未成年人，法律援助机构或者公安机关、人民检察院、人民法院和司法行政部门应当给予帮助，依法为其提供法律援助或者司法救助。第二，审理继承案件，依法保护未成年人的继承权和受遗赠权。第三，人民法院审理离婚案件，涉及未成年子女抚养问题的，应当尊重已满八周岁未成年子女的真实意愿，根据双方具体情况，按照最有利于未成年子女的原则依法处理。第四，未成年人的父母或者其他监护人不依法履行监护职责或者严重侵犯被监护的未成年人合法权益的，人民法院可以根据有关人员或者单位的申请，依法作出人身安全保护令或者撤销监护人资格。第五，不得披露有关案件中未成年人的姓名、影像、住所、就读学校以及其他可能识别出其身份的信息。但查找失踪、被拐卖未成年人等情形除外。第六，人民法院讯问未成年犯罪嫌疑人、被告人，询问未成年被害人、证人，应当依法通知其法定代理人或者其成年亲属、所在学校的代表等合适成年人到场，并采取适当方式，在适当场所进行，保障未成年人的名誉权、隐私权和其他合法权益。人民法院开庭审理涉及未成年人案件，未成年被害人、证人一般不出庭作证；必须出庭的，应当采取保护其隐私的技术手段和心理干预等保护措施。第七，人民法院办理未成年人遭受性侵害或者暴力伤害案件，在询问未成年被害人、证人时，应当采取同步录音录像等措施，尽量一次完成；未成年被害人、证人是女性的，应当由女性工作人员进行。

6. 如何保护流浪乞讨等生活无着未成年人？

具有下列情形之一的，民政部门应当依法对未成年人进行临时监护：第一，未成年人流浪乞讨或者身份不明，暂时查找不到父母或者其他监护人；第二，监护人下落不明且无其他人可以担任监护人；第三，监护人因自身客观原因或者因发生自然灾害、事故灾难、公共卫生事件等突发事件不能履行监护职责，导致未成年人监护缺失；第四，监护人拒绝或者怠于履行监护职责，导致未成年人处于无人照料的状态；第五，监护人教唆、利用未成年人实施违法犯罪行为，未成年人需要被带离安置；第六，未成年人遭受监护人严重伤害或者面临人身安全威胁，需要被紧急安置；第七，法律规定的其他情形。对临时监护的未成年人，民政部门可以采取委托亲属抚养、家庭寄养等方式进行安置，也可以交由未成年人救助保护机构或者儿童福利机构进行收留、抚养。临时监护期间，经民政部门评估，监护人重新具备履行监护职责条件的，民政部门可以将未成年人送回监护人抚养。

具有下列情形之一的，民政部门应当依法对未成年人进行长期监护：第一，查找不到未成年人的父母或者其他监护人；第二，监护人死亡或者被宣告死亡且无其他人可以担任监护人；第三，监护人丧失监护能力且无其他人可以担任监护人；第四，人民法院判决撤销监护人资格并指定由民政部门担任监护人；第五，法律规定的其他情形。民政部门进行收养评估后，可以依法将其长期监护的未成年人交由符合条件的申请人收养。收养关系成立后，民政部门与未成年人的监护关系终止。

第七节　妇女权益保障法

1. 妇女的政治权利有哪些？

妇女的政治权利，具体包括：第一，妇女享有与男子平等的政治权利，国家应予以保障。第二，妇女有权通过各种途径和形式，管理国家事务，管理经济和文化事业，管理社会事务。第三，妇女享有与男子平等的选举权和被选举权。各级人民代表大会的代表中，应当有适当数量的妇女代表，并逐步提高妇女代表的比例。第四，国家机关、社会团体、企业事业单位在任用干部时必须坚持男女平等的原则，重视培养、选拔女干部担任领导成员。各级妇女联合会及其团体会员，可以向国家机关、社会团体、企业事业单位推荐女干部。第五，有关部门应当听取和采纳保障妇女权益的批评或者合理建议，并查清事实、依法处理侵害妇女权益的申诉、控告和检举。

2. 如何保障适龄女性儿童少年接受义务教育?

受教育权,是我国公民的权利和义务。根据法律规定,凡年满六周岁的儿童,不分性别、民族、种族、家庭财产状况、宗教信仰等,均应当入学接受规定年限的义务教育。对此,国家依法保障妇女享有与男子平等的文化教育权利;父母或者其他监护人必须履行保障适龄女性儿童少年接受义务教育的义务;政府对不送适龄女性儿童少年入学的父母或者其他监护人予以批评教育,并采取有效措施,责令其送适龄女性儿童少年入学;政府、社会、学校应针对适龄女性儿童少年就学存在的实际困难,采取有效措施,保证适龄女性儿童少年受完当地规定年限的义务教育。

3. 妇女的劳动权益有哪些?

妇女的劳动权益,具体包括:第一,妇女享有与男子平等的劳动权利,国家应予以保障;第二,各单位在录用职工时,不得以性别为由拒绝录用妇女或者提高对妇女的录用标准,不适合妇女的工种或者岗位除外;第三,实行男女同工同酬,在分配住房和享受福利待遇方面男女平等;第四,在晋职、晋级、评定专业技术职务等方面,应当坚持男女平等的原则,不得歧视妇女;第五,任何单位均应根据妇女的特点,依法保护妇女在工作和劳动时的安全和健康,不得安排不适合妇女从事的工作和劳动;第六,任何单位不得以结婚、怀孕、产假、哺乳等为由,辞退女职工或者单方解除劳动合同。

4. 妇女的人身权利有哪些?

妇女的人身权利,具体包括:第一,生命健康权。即妇女对自身的生命安全、身体健康、生理机能享有的权利，包括生命权、身体权和健康权。第二，姓名权。即妇女享有决定、使用和改变姓名的权利，任何组织和个人不得干涉、盗用和假冒。第三，肖像权。即妇女享有拥有、使用和转让其个人肖像的权利，并有权禁止他人未经许可而以营利为目的使用自己的肖像。第四，名誉权。即妇女享有保护自己名誉不受任何组织和个人侵犯的人格权利。第五，荣誉权。即妇女对自己的荣誉称号享有不受他人非法干扰和侵害的权利，未经法律规定程序不得撤销或者非法剥夺。第六，婚姻自主权。即妇女享有完全的婚姻自主选择权，不受任何组织和他人的干涉。第七，隐私权。即妇女享有就个人私事、个人信息、个人活动等个人生活领域内的事宜享有不为他人知悉和禁止他人干涉的权利。

5. 妇女的婚姻家庭权益有哪些？

妇女的家庭权益，具体包括：第一，妇女享有与男子平等的婚姻家庭权利，国家应予以保障；第二，妇女享有婚姻自主权，根据法律规定，禁止干涉妇女的结婚、离婚自由；第三，妇女终止妊娠后六个月内，男方不得提出离婚；第四，妇女对夫妻共同财产享有与其配偶平等的占有、使用、收益和处分的权利，不受双方收入状况的影响；第五，妇女对其未成年子女享有平等的监护权，任何人不得干涉；第六，妇女有按照国家有关规定生育子女的权利，也有不生育的自由。

6. 侵犯妇女合法权益的情形有哪些？

侵犯妇女合法权益的情形，具体包括：第一，对有关侵害妇女权益的申诉、控告、检举，推诿、拖延、压制不予查处；第二，依照法律、法规规定，应当录用而拒绝录用妇女或者对妇女提高录用条件；第三，在晋职、晋级、评定专业技术职务等方面，违反男女平等原则；第四，以结婚、怀孕、产假、哺乳等为由辞退女职工；第五，在农村土地承包经营、集体经济组织收益分配、土地征收或者征用补偿费使用以及宅基地使用等方面，违反男女平等原则；第六，在入学、升学、毕业分配、授予学位、派出留学等方面，违反男女平等原则。

违反本法规定，侵害妇女文化教育权益、劳动和社会保障权益、人身和财产权益以及婚姻家庭权益的，由其所在单位、主管部门或者上级机关责令改正，直接负责的主管人员和其他直接责任人员属于国家工作人员的，由其所在单位或者上级机关依法给予行政处分。对侵害妇女权益的行为提出申诉、控告、检举的人进行打击报复的，由行为人所在单位主管部门或者上级机关责令改正，并依法对直接负责的主管人员和其他直接责任人员给予行政处分。

第八节　老年人权益保障法

1. 赡养人有哪些?

赡养人，即老年人的子女以及其他依法负有赡养义务的人，包括婚生子女、非婚生子女、养子女和依法负有赡养义务的继子女，其他依法负有赡养义务的人，则是指老年人的孙子女、外孙子女，以及与老年人签订遗赠扶养协议的人。在我国，老年人养老以居家为基础，家庭成员应当尊重、关心和照料老年人。赡养人应从经济上、生活上和精神上对老年人履行赡养义务，并照顾老年人的特殊需要。此外，赡养人的配偶应当协助赡养人履行赡养义务。

2. 赡养人的义务有哪些？

赡养人的义务，具体包括：第一，治疗、护理患病的老年人，并负担经济困难的老年人的医疗费用；第二，照料生活不能自理的老年人，也可按照老年人的意愿委托他人或者养老机构照料；第三，妥善安排老年人的住房，并维修老年人的自有住房，不得强迫老年人居住条件低劣的房屋；第四，耕种或者委托他人耕种老年人承包的田地，照管或者委托他人照管老年人的林木和牲畜等，该收益应归老年人所有，赡养人不得侵占。此外，赡养人应满足老年人经济上、生活上和精神上的基本需求，如赡养人应当关心老年人的精神需求，不得忽视、冷落；与老年人分开居住的赡养人，还应经常看望、问候老年人。

3. 赡养人不得从事哪些行为？

赡养人不得从事以下行为：第一，赡养人不得以放弃继承权或者其他理由，拒绝履行赡养义务；第二，赡养人不得要求老年人承担力不能及的劳动；第三，赡养协议的内容不得违反法律规定和老年人意愿；第四，赡养人的赡养义务不因老年人的婚姻关系变化而消除；第五，赡养人不得以窃取、骗取、强行索取等方式侵犯老年人的财产权益；第六，赡养人不得侵占、抢夺、转移、隐匿或者损毁应由老年人继承或者接受赠与的财产；第七，赡养人不得对老年人实施家庭暴力。

4. 国家如何保障老年人的合法权益？

国家通过建立实施各项社会制度，依法保障老年人的合法权益：第一，建立基本养老保险制度，保障老年人的基本生活。包括职工基本养老保险制度、新型农村社会养老保险制度、城镇居民社会养老保险制度，对老年人实现全面覆盖。第二，建立基本医疗保险制度，保障老年人的基本医疗需要。享受最低生活保障的老年人和符合条件的低收入家庭中的老年人参加新型农村合作医疗和城镇居民基本医疗保险所需个人缴费部分，由政府给予补贴。第三，国家建立和完善老年人福利制度，根据经济社会发展水平和老年人的实际需要，增加老年人的社会福利，鼓励政府部门建立八十周岁以上低收入老年人高龄津贴制度。第四，国家建立和完善计划生育家庭老年人扶助制度。农村可以将未承包的集体所有的部分土地、山林、水面、滩涂等作为养老基地，收益供老年人养老。

5. 如何设立养老机构？

设立公益性养老机构，应当依法办理相应的登记。

设立经营性养老机构，应当在市场监督管理部门办理登记。

养老机构登记后即可开展服务活动，并向县级以上人民政府民政部门备案。

6. 老年人如何维护自身合法权益?

对于侵害自身合法权益的行为,老年人可要求有关部门处理,也可向人民法院提起诉讼。具体包括:第一,与家庭成员因赡养、扶养或者住房、财产等发生纠纷,老年人可申请调解,也可向人民法院提起诉讼;第二,对干涉婚姻自由、拒绝赡养扶养、虐待或者实施家庭暴力的,老年人可要求有关部门处理;第三,对家庭成员盗窃、诈骗、抢夺、侵占、勒索、故意损毁财物以及侮辱、诽谤,并构成违反治安管理处罚法的行为的,老年人可要求有关部门处理;第四,对养老机构及其工作人员侵害人身、财产权益或者未按照约定提供服务的,老年人可要求有关部门处理。

第七章 刑 法

第一节 总 则

1. 我国刑法的空间效力是什么？

刑法的空间效力，即刑法在什么地域、对什么人适用的法律问题。通常来说，刑法不仅能适用于本国领域内的犯罪行为，而且在一定条件下还能适用于本国领域外的犯罪行为。我国刑法的空间效力，具体包括：

第一，属地管辖权。在我国领域内犯罪的，除法律有特别规定以外，都适用我国刑法。凡在我国船舶或者航空器内犯罪的，也适用我国刑法。犯罪的行为或者结果有一项发生在我国领域内的，即认为是在我国领域内犯罪。上述"领域"，即我国国境以内的全部区域，包括领陆、领水和领空。领陆是国境线以内的陆地以及陆地以下的底土；领水是内水、领海及其领水的水床及底土；领空是领陆、领水之上的空气空间。但享有外交特权和豁免权的外国人的刑事责任，应通过外交途径予以解决，不适用我国刑法。

第二，属人管辖权。我国公民在我国领域外犯刑法规定之罪的，适用我国刑法，但是按刑法规定的最高刑为三年以下有期徒刑的，可以不予追究。我国国家工作人员和军人在我国领域外犯刑法规定之罪的，适用我国刑法。如此规定，一方面是因为国家工作人员和军人的身份及职权决定了其在域外犯罪会直接危害国家安全与利益；另一方面是因为随着对外开放与市场经济的发展，国家工作人员和军人在域外犯罪的现象持续增多，亟待法律规制。

第三，保护管辖权。外国人在我国领域外对我国国家或者公民犯罪，按照刑法规定最低刑为三年以上有期徒刑的，可以适用我国刑法，但是按照犯罪地法律不受处罚的除外。由此可知，适用保护管辖权存在相应的限制：首先，所犯之罪必须侵犯了我国国家或者公民的法益；其次，所犯之罪按照我国刑法规定最低刑为三年以上有期徒刑；最后，所犯之罪按照犯罪地的法律也应受到处罚。

第四，普遍管辖权。对于我国缔结或者参加的国际条约中所规定的罪行，我国在所承担条约义务的范围内行使刑事管辖权的，适用我国刑法。由此可知，适用普遍管辖权存在相应的限制：首先，我国行使普遍管辖权的犯罪应是国际条约中所规定的犯罪；其次，我国是相关条约的缔约国或参加国；最后，国内刑法也将该行为规定为犯罪。

需要注意的是，凡在我国领域外犯罪，依照刑法应当负刑事责任的，虽然经过外国审判，仍然可以依照刑法追究，但是在外国已经受过刑罚处罚的，可以免除或者减轻处罚。

2. 刑事责任年龄的内容有哪些？

刑事责任年龄，即刑法规定行为人实施刑法所禁止的犯罪行为而必须达到的年龄。如果行为人没有达到刑事责任年龄，其实施的行为就不能成立犯罪。我国刑法基于我国的政治、经济、文化的发展水平以及少年儿童接受教育的条件，并依据我国的地理、气候条件和国家对少年儿童的政策，对刑事责任年龄规定如下：

根据我国刑法规定，已满十六周岁的人犯罪，应当负刑事责任。已满十四周岁不满十六周岁的人，犯故意杀人、故意伤害致人重伤或者死亡、强奸、抢劫、贩卖毒品、放火、爆炸、投放危险物质罪的，应当负刑事责任。已满十二周岁不满十四周岁的人，犯故意杀人、故意伤害罪，致人死亡或者以特别残忍手段致人重伤造成严重残疾，情节恶劣，经最高人民检察院核准追诉的，应当负刑事责任。

同时，对依法追究刑事责任的不满十八周岁的人，应当从轻或者减轻处罚。因不满十六周岁不予刑事处罚的，责令其父母或者其他监护人加以管教；在必要的时候，依法进行专门矫治教育。

3. 实施正当防卫的条件有哪些?

正当防卫，即为使国家、公共利益、本人或者他人的人身、财产和其他权利免受正在进行的不法侵害，而采取制止不法侵害的行为，由此对不法侵害人造成损害的，不负刑事责任。实施正当防卫的条件，具体包括:

第一，必须存在现实的不法侵害行为。即正当防卫以存在现实的不法侵害为前提，现实的不法侵害是正当防卫的起因条件:首先，不法侵害具有进攻性、破坏性、紧迫性；其次，不法侵害已经危害法益，行为人才能实施正当防卫；最后，不法侵害须是现实存在的，如果客观上并不存在，行为人却误以为存在不法侵害，并因此进行所谓的"防卫"，则属于假想防卫，应承担刑事责任。

第二，不法侵害必须正在进行。即不法侵害已经开始并且尚未结束。只有当不法侵害正在进行时，刑法所保护的法益才处于紧迫的危险中，才是正当防卫成为保护法益的必要手段。

第三，存在一定的防卫意识。即防卫人认识到不法侵害正在进行，出于保护国家、公共利益、本人或者他人的人身、财产和其他权利免受正在进行的不法侵害的目的。

第四，必须针对不法侵害人本人进行防卫。在具备正当防卫的前提条件下，只能针对不法侵害人本人进行防卫，如针对不法侵害人的人身进行防卫，或者针对不法侵害人的财产进行防卫。

第五，必须没有明显超过必要限度造成重大损害。如果正当防卫明显超过必要限度造成重大损害的，应当负刑事责任，但是应当减轻或者免除处罚。

需要注意的是，对正在进行行凶、杀人、抢劫、强奸、绑架以及其他严重危及人身安全的暴力犯罪，行为人采取防卫行为，并造成不法侵害人伤亡的，不属于防卫过当，不负刑事责任。

4. 犯罪中止的成立条件是什么？

犯罪中止，即在犯罪过程中，犯罪人自动放弃犯罪或者自动有效地防止犯罪结果发生。对于中止犯，如果没有造成损害，应当免除处罚。如果造成损害，则应减轻处罚。犯罪中止的成立条件，具体包括：

第一，中止的时间性。犯罪中止必须发生在犯罪过程中，即在开始实施犯罪行为之后、犯罪呈现结局之前均可中止。由此可知，在犯罪行为实施完毕后，是无法成立犯罪中止的。

第二，中止的自动性。成立犯罪中止，要求行为人自动放弃犯罪或者自动有效地防止犯罪结果发生，这也是犯罪中止与犯罪预备、犯罪未遂在主观上的区分标志。如果行为人在采取措施后，未能有效地防止犯罪结果发生，仍不能成立犯罪中止。

第三，中止的客观性。犯罪中止不仅是内心状态的转变，而且还要求客观上有中止行为。通常来说，在犯罪行为未实行终了，只要不继续实施就不会发生犯罪结果时，中止行为表现为放弃继续实施的犯罪行为；在行为实行终了，不采取有效措施就会发生犯罪结果时，中止行为表现为采取积极措施有效地防止犯罪结果发生。

第四，中止的有效性。即没有发生行为人原本所希望或者放任的，并由行为性质所决定的犯罪结果。行为人虽然自动放弃犯罪，或者自动采取措施防止犯罪结果发生，但如果客观上发生了行为人原本所希望或者放任的并由行为性质所决定的犯罪结果，犯罪中止则不成立。

5. 教唆犯的成立条件是什么？

教唆犯，即故意唆使并引起他人实施符合犯罪构成要件的犯罪行为。教唆他人犯罪的，应当按照其在共同犯罪中所起的作用处罚。教唆不满十八周岁的人犯罪的，应当从重处罚。如果被教唆的人没有犯被教唆的罪，对于教唆犯，可以从轻或者减轻处罚。教唆犯的成立条件，具体包括：

第一，教唆对象。原则上是具有责任能力的人，但不必是达到法定年龄的人。换言之，虽然没有达到法定年龄，但事实上具有责任能力的人，也可以成为教唆对象。

第二，教唆行为。存在唆使他人实行犯罪的教唆行为。换言之，教唆行为必须引起他人实施符合构成要件的犯罪行为的意思，并进而使其实施犯罪。

第三，教唆故意。即行为人认识到自己的唆使行为会使被教唆人产生犯罪意图进而实施犯罪，以及被教唆人的犯罪行为会发生危害社会的结果，希望或者放任被教唆人实施犯罪行为及其危害结果发生。

6. 主刑的种类有哪些?

刑罚，即国家针对犯罪行为对社会法益的侵害，由法院根据刑事法律规范对犯罪人适用的建立在剥夺性痛苦基础上的最严厉的强制措施。主刑作为刑罚的重要组成部分，具体包括:

第一，管制。即对罪犯不予关押，但限制其一定自由，并实行社区矫正的刑罚方法。管制的期限为三个月以上二年以下，数罪并罚时不得超过三年。管制的刑期从判决执行之日起计算，判决执行前先行羁押的，羁押一日折抵刑期二日。

第二，拘役。即短期剥夺罪犯自由，就近实行劳动改造的刑罚方法。拘役的期限是一个月以上六个月以下，数罪并罚时不得超过一年。拘役的刑期从判决执行之日起计算，判决执行以前先行羁押的，羁押一日折抵刑期一日。

第三，有期徒刑。即剥夺罪犯一定期限的自由，实行强制劳动改造的刑罚方法。有期徒刑的期限是六个月以上十五年以下；数罪并罚时，有期徒刑总和刑期不满三十五年的，最高不能超过二十年，总和刑期在三十五年以上的，最高不能超过二十五年。刑期从判决执行之日开始计算，判决执行以前先行羁押的，羁押一日折抵刑期一日。

第四，无期徒刑。即剥夺罪犯终身自由，实行强制劳动改造的刑罚方法。

第五，死刑。即剥夺罪犯生命的刑罚方法，包括死刑立即执行和死刑缓期二年执行。死刑是以剥夺罪犯生命为内容的刑罚，也是刑罚体系中最为严厉的刑罚方法。

7. 剥夺政治权利的内容有哪些?

剥夺政治权利,即剥夺罪犯参加管理国家和政治活动的权利的刑罚方法,属于附加刑而被人民法院广泛应用。

剥夺政治权利的基本内容:第一,选举权和被选举权;第二,言论、出版、集会、结社、游行、示威自由的权利;第三,担任国家机关职务的权利;第四,担任国有公司、企业、事业单位和人民团体领导职务的权利。

剥夺政治权利的适用对象:一方面,对于危害国家安全的犯罪分子以及被判处死刑、无期徒刑的犯罪分子,应当剥夺政治权利;另一方面,对于故意杀人、强奸、放火、爆炸、投毒、抢劫等严重破坏社会秩序的犯罪分子,可以附加剥夺政治权利。此外,剥夺政治权利独立适用于罪质较轻的犯罪或罪质严重但情节较轻的犯罪,并由刑法分则具体规定。

剥夺政治权利的期限:第一,对于判处死刑、无期徒刑的犯罪分子,应当剥夺政治权利终身;第二,在死刑缓期执行减为有期徒刑或者无期徒刑减为有期徒刑的时候,应当将附加剥夺政治权利的期限改为三年以上十年以下;第三,独立适用或者判处有期徒刑、拘役附加适用剥夺政治权利的期限,为一年以上五年以下;第四,判处管制附加剥夺政治权利的期限与管制的期限相等。

剥夺政治权利的执行:第一,被判处管制附加剥夺政治权利的刑期,与管制的期限同时起算、同时执行;第二,独立适用剥夺政治权利的,按照执行判决的一般原则,从判决执行之日起计算并执行;第三,判处有期徒刑、拘役附加剥夺政治权利的刑期,以及死缓、无期徒刑减为有期徒刑附加剥夺政治权利的刑期,从徒刑、拘役执行完毕之日起或者从假释之日起开始计算;第四,判处死刑、无期徒刑因而剥夺政治权利终身的，从主刑执行之日起开始执行剥夺政治权利。

8. 累犯的内容有哪些？

累犯，即被判处刑罚的犯罪人，在刑罚执行完毕或者赦免以后，在法定期限内又犯罪的情形。

一般累犯：即被判处有期徒刑以上刑罚的犯罪分子，刑罚执行完毕或者赦免以后，在五年以内再犯应当判处有期徒刑以上刑罚之罪。由此可知，成立一般累犯的条件，具体包括：第一，前罪与后罪都必须是故意犯罪，如果前后两罪或者其中一罪是过失犯罪，则不成立累犯；第二，行为人在实施前罪和后罪时，都必须年满十八周岁，犯罪时不满十八周岁的，不得认定为累犯；第三，前罪被判处有期徒刑以上刑罚，后罪应当判处有期徒刑以上刑罚；第四，后罪发生的时间，必须在前罪所判处的刑罚执行完毕或者赦免以后的五年之内。

特殊累犯：危害国家安全犯罪、恐怖活动犯罪、黑社会性质的组织犯罪的犯罪分子，在刑罚执行完毕或者赦免以后，在任何时候再犯上述任一类罪的，都以累犯论处。由此可知，成立特殊累犯的条件，具体包括：第一，前罪和后罪都必须是危害国家安全犯罪、恐怖活动犯罪、黑社会性质的组织犯罪，只要前罪和后罪是这三类罪之一即可；第二，必须是在刑罚执行完毕或者赦免以后再犯罪。如果前罪是免予刑事处罚或者不属于赦免的，不构成特殊累犯。

对于累犯，我国刑法采取从重处罚原则。首先，对累犯必须从重处罚，即对一般累犯或者特殊累犯，均应当从重处罚；其次，仅能在责任刑之下从重处罚；最后，在决定从重幅度时，应重点考虑后罪的事实、性质、情节和社会危害程度。

9. 适用缓刑的条件有哪些?

适用缓刑的条件,具体包括:第一,被判处拘役或者三年以下有期徒刑的犯罪人。此处的被判处拘役或者三年以下有期徒刑是就宣告刑而言,并不是指法定刑。对判处管制或者单处附加刑的,不能适用缓刑,因为管制和附加刑都没有剥夺犯罪人的人身自由,适用缓刑不具有实际意义。第二,适用缓刑确实不致再危害社会。换言之,犯罪人的犯罪情节较轻、具有悔罪表现、没有再犯罪的危险以及宣告缓刑对居住社区没有重大不良影响的,才能适用缓刑。第三,必须不是累犯或犯罪集团的首要分子。累犯再次犯罪的可能性较大,而犯罪集团的首要分子具有一定的社会危害性,均不得适用缓刑。

被宣告缓刑的犯罪分子,应当遵守相应规定:第一,遵守法律、行政法规,服从监督;第二,按照考察机关的规定报告自己的活动情况;第三,遵守考察机关关于会客的规定;第四,离开所居住的市、县或者迁居,应当报经考察机关批准。

10. 追诉时效的内容有哪些?

追诉时效,即刑法规定对犯罪人进行刑事追诉的有效期限。在追诉时效内,司法机关有权追诉;若超出追诉时效,司法机关则无权追诉。刑法规定追诉时效是基于以下考虑:一方面,追诉时效的期限长短与罪行的轻重、刑罚的轻重相适应。罪行轻、刑罚轻的,追诉时效期限就短;罪行重、刑罚重的,追诉时效期限就长。另一方面,刑法也充分考虑犯罪人犯罪后的隐匿、逃避时间,使犯罪人利用追诉时效期限逃避法律制裁的可能性降低。

犯罪经过期限不予追诉，具体包括：第一，法定最高刑为不满五年有期徒刑的，经过五年；第二，法定最高刑为五年以上不满十年有期徒刑的，经过十年；第三，法定最高刑为十年以上有期徒刑的，经过十五年；第四，法定最高刑为无期徒刑、死刑的，经过二十年。如果二十年以后认为必须追诉的，须报请最高人民检察院核准。

追诉期限的延长：一方面，在人民检察院、公安机关、国家安全机关立案侦查或者在人民法院受理案件以后，逃避侦查或者审判的，不受追诉期限的限制；另一方面，被害人在追诉期限内提出控告，人民法院、人民检察院、公安机关应当立案而不予立案的，不受追诉期限的限制。

追诉期限的计算：追诉期限从犯罪之日起计算；犯罪行为有连续或者继续状态的，从犯罪行为终了之日起计算。

追诉期限的中断：在追诉时效进行期间，因发生法律规定的事由，而使之前所经过的追诉时效期间归于无效，待法律规定的事由终止后，追诉期限开始重新计算。我国刑法规定，在追诉期限以内又犯罪的，前罪追诉的期限从犯后罪之日起计算。

第二节 分 则

1. 叛逃罪的内容是什么？

叛逃罪，即国家机关工作人员在履行公职期间，擅离岗位，叛逃境外或者在境外叛逃的行为，以及掌握秘密的国家工作人员，叛逃境外或者在境外叛逃的行为。由此可知，叛逃罪的犯罪主体是国家机关工作人员和国家工作人员。其中，国家机关工作人员构成叛逃罪须满足以下条件：第一，必须是在履行公务期间叛逃，若非履行公务期间，不构成此罪；第二，必须是擅自离开岗位叛逃，若非离开工作岗位，不构成此罪；第三，必须存在叛逃行为，即在境内履行公务期间叛逃至境外或在境外履行公务期间叛逃。国家工作人员构成叛逃罪须满足两个条件：第一，必须是掌握国家秘密的国家工作人员；第二，必须存在叛逃行为，即叛逃境外或者在境外叛逃，是否在履行公务期间叛逃，在所不问。此外，本罪的主观形式为故意。

根据刑法规定，国家机关工作人员在履行公务期间，擅离岗位，叛逃境外或者在境外叛逃的，处五年以下有期徒刑、拘役、管制或者剥夺政治权利；情节严重的，处五年以上十年以下有期徒刑。掌握国家秘密的国家工作人员叛逃境外或者在境外叛逃的，依照前款的规定从重处罚。

2. 破坏交通工具罪的内容是什么？

破坏交通工具罪，即犯罪人故意破坏火车、汽车、电车、船只、航空器，足以使其发生倾覆、毁坏危险的犯罪行为。由此可知，犯罪人破坏的对象是直接关系不特定或者大多数人的生命、健康安全的火车、汽车、电车、船只、航空器，并对上述交通工具的整体或者重要部件进行破坏，足以使火车、汽车、电车、船只或者航空器发生倾覆、毁坏危险。倾覆，是指火车出轨、汽车电车翻车、船只翻沉、航空器坠落等；毁坏，是指造成交通工具的性能丧失、报废或者其他重大毁损，因而对人的生命、身体产生危险。

破坏交通工具罪的责任形式是故意，即犯罪人明知自己破坏火车、汽车、电车、船只、航空器的行为会发生使其倾覆、毁坏进而危及他人生命、健康的结果，但仍希望或者放任这种结果的发生。

根据刑法规定，犯破坏交通工具罪，尚未造成严重后果的，处三年以上十年以下有期徒刑；造成严重后果的，处十年以上有期徒刑、无期徒刑或者死刑。

3. 非国家工作人员受贿罪的内容是什么？

非国家工作人员受贿罪，即公司、企业或者其他单位的工作人员利用职务上的便利，索取他人财物或者非法收受他人财物，为他人谋取利益，数额较大的犯罪行为。由此可知，非国家工作人员受贿罪的犯罪构成，具体包括：

第一，犯罪主体是公司、企业或者其他单位的工作人员。"其他单位"既包括事业单位、社会团体、村民委员会、居民委员会、村民小组等常设性的组织，也包括为组织体育赛事、文艺演出或者其他政党活动而成立的组委会、筹委会、工程承包队等临时性的组织。需要注意的是，国有公司、企业或者其他国有单位中从事公务的人员以及其他国家工作人员利用职务上的便利索取、收受贿赂的，成立受贿罪。此外，国家机关、国有公司、企业、事业单位中不从事公务的非国家工作人员，也可以成为非国家工作人员受贿罪的犯罪主体。

第二，行为内容是利用职务上的便利，索取或者非法收受他人数额较大的财物，并为他人谋取利益的行为。首先，必须是利用职务上的便利，即他人有求于犯罪人的职务行为时，犯罪人以职务行为或者承诺实施或不实施职务行为作为条件，实施受贿行为；其次，必须索取或者非法收受他人财物，并且数额较大；再次，无论是索取他人财物，还是收受他人财物，都必须为他人谋取利益；最后，公司、企业或者其他单位的工作人员在经济往来中，利用职务上的便利，违反国家规定，收受各种名义上的回扣、手续费，归个人所有。

第三，责任形式是故意，即犯罪人明知自己作为公司、企业或者其他单位的工作人员，索取、收受贿赂并为他人谋取利益的行为已经侵犯了职务行为不可收买性的犯罪结果，但仍希望或者放任该结果的发生。

根据刑法规定，犯非国家工作人员受贿罪，数额较大的，处三年以下有期徒刑或者拘役，并处罚金；数额巨大或者有其他严重情节的，处三年以上十年以下有期徒刑，并处罚金；数额特别巨大或者有其他特别严重情节的，处十年以上有期徒刑或者无期徒刑，并处罚金。此外，公司、企业或者其他单位的工作人员在经济往来中，利用职务上的便利，违反国家规定，收受各种名义的回扣、手续费，归个人所有的，依照上述规定处罚。

4. 诬告陷害罪的内容是什么？

诬告陷害罪，即犯罪人故意向公安、司法机关或有关国家机关告发捏造的犯罪事实，意图使他人受刑事追究，情节严重的犯罪行为。由此可知，诬告陷害罪的犯罪构成，具体包括：

第一，行为对象是"他人"。首先，犯罪人向司法机关虚告自己犯罪的，不成立诬告陷害罪；其次，所诬告的对象应当是客观存在的人，而不是虚幻不实的人；再次，诬告未达到法定年龄或者无责任能力的人犯罪，仍构成诬告陷害罪；最后，形式上诬告单位犯罪，但所捏造的事实导致可能对自然人予以刑事追诉的，也成立诬告陷害罪。

第二，犯罪人向公安、司法机关或有关国家机关告发捏造的犯罪事实，足以引起司法机关开展追究犯罪活动。首先，必须自行诬告，在公安、司法机关调查取证时，作虚假陈述的，不成立诬告陷害罪；其次，犯罪人向有权行使刑事追究活动的公安、司法机关，或者向事实上能够对被诬陷人采取限制、剥夺人身自由等措施的机关告发捏造的犯罪事实，属于犯罪人的实行行为；最后，告发行为足以引起公安、司法机关的刑事追究活动。

第三，情节严重。只要行为的告发方式与告发的虚假内容足以引起公安、司法等机关的刑事追究活动，就应认定为情节严重。不足以引起刑事追究活动诬告，应视为情节轻微，不以犯罪论处。此外，由于诬告陷害罪的法益是公民的人身权利，故征得他人同意或者经他人请求而诬告他人犯罪的，不成立诬告陷害罪。

第四，责任形式为故意，即犯罪人明知自己所告发的是虚假的犯罪事实，且明知诬告陷害行为会发生侵犯他人人身权利的结果，仍希望或者放任该结果的发生。此外，犯罪人还具有使他人受到刑事追究的意图和目的。

根据刑法规定，犯诬告陷害罪，情节严重的，处三年以下有期徒刑、拘役或者管制；造成严重后果的，处三年以上十年以下有期徒刑。如果国家机关工作人员犯该罪的，从重处罚。不是有意诬陷，而是错告，或者检举失实的，不适用上述规定。

5. 拒不支付劳动报酬罪的内容是什么？

拒不支付劳动报酬罪，即犯罪人以转移财产、逃匿等方法逃避支付劳动者的报酬或者有能力支付而不支付劳动者的劳动报酬，数额较大，经政府有关部门责令支付仍不支付的犯罪行为。由此可知，拒不支付劳动报酬罪的犯罪构成，具体包括：

第一，犯罪人是负有向劳动者支付劳动报酬的自然人或单位。行为内容是拒不支付劳动报酬，一方面是以转移财产、逃匿等方法逃避支付劳动者的劳动报酬；另一方面则是有能力支付却不支付劳动者的劳动报酬。由于本罪行为的实质是不履行支付劳动报酬的义务，属于不作为犯。因此，上述两种类型的行为都以犯罪人具备支付能力为前提。此外，劳动报酬不仅包括工资，还包括劳动者应得的奖金、津贴、补贴等。

第二，成立本罪除要求数额较大外，还要求经政府有关部门责令支付仍不支付。如果犯罪人转移财产、逃匿或者声称拒不支付劳动报酬，但在经政府有关部门责令支付后即支付劳动报酬，则不成立本罪。政府有关部门特指劳动行政部门，并通过书面方式责令支付。劳动行政部门工作人员口头责令支付，不包括在内。

第三，拒不支付劳动报酬罪的责任形式为故意，犯罪人因失误或者不可抗力漏发劳动报酬的，不成立本罪。但在漏发后，经政府有关部门责令支付而不支付的，仍成立本罪。此外，犯罪人在向劳动者支付基本工资，因合同内容不明确，在奖金、津贴、补贴的支付方面产生纠纷，行为人不支付奖金、津贴、补贴的，也不成立本罪。

根据刑法规定，犯拒不支付劳动报酬罪的，处三年以下有期徒刑或者拘役，并处或者单处罚金；造成严重后果的，处三年以上七年以下有期徒刑，并处罚金。单位犯此罪的，对单位判处罚金，并对其直接负责的主管人员和其他直接责任人员，依照上述规定处罚。犯罪人存在上述行为，但尚未造成严重后果，在提起公诉前支付劳动者的劳动报酬，并依法承担相应赔偿责任的，可以减轻或者免除处罚。

6. 伪证罪的内容是什么？

伪证罪，即在刑事诉讼中，证人、鉴定人、记录人、翻译人对与案件有重要关系的情节，故意作虚假证明、鉴定、记录、翻译，意图陷害他人或者隐匿罪证的犯罪行为。由此可知，伪证罪的犯罪构成，具体包括：

第一，犯罪人必须是刑事诉讼中的证人、鉴定人、记录人、翻译人。此外，该罪的犯罪人还应包括被害人。如果被害人违背事实，否认自己的法益被相应的犯罪行为侵害，则有可能成立伪证罪。

第二，行为上必须存在作虚假的证明、鉴定、记录或翻译。伪证行为的方式没有特别限制，如在口头陈述中作虚假陈述，在文字鉴定中作虚假鉴定，不记录或者擅自增添重要事实，删除录音录像中记录的重要事实，在笔译或者口译中作虚假翻译等。此外，"虚假"一般包括两种情况，一种是捏造或者夸大事实以使人成立犯罪；另一种则是掩盖或者缩小事实以开脱人的罪责。需要注意的是，行为人单纯保持沉默而不作相关陈述的行为，并不构成伪证罪。

第三，必须是对刑事案件有重要关系的情节作虚假证明、鉴定、记录、翻译。与案件有重要关系的情节，是指对案件结论有影响的情节，即对是否构成犯罪、犯罪的性质、罪行的轻重、量刑的轻重具有重要关系的情节。此外，伪证罪仅需影响案件结论即可，对如何影响案件结论不作要求。

第四，必须是在刑事诉讼中作虚假的证明、鉴定、记录、翻译，即犯罪人是在立案侦查后、审判终结前的过程中作伪证。如果犯罪人是在刑事诉讼前虚假告发他人的，并意图使他人受到刑事追究，则成立诬告陷害罪。

第五，伪证罪的责任要件除故意以外，还要求犯罪人具备陷害他人或者隐匿罪证的意图。需要注意的是，由于缺乏期待可能性，犯罪嫌疑人、被告人作虚假陈述的，并不构成伪证罪。

根据刑法规定，犯伪证罪的，处三年以下有期徒刑或者拘役；情节严重的，处三年以上七年以下有期徒刑。

7. 冒充军人招摇撞骗罪的内容是什么？

冒充军人招摇撞骗罪，即冒充军人身份进行招摇撞骗的犯罪行为。冒充军人身份，具体包括：第一，非军人冒充军人；第二，级别较低的军人冒充级别较高的军人，包括相反情形；第三，一般部门的军人冒充要害部门的军人，包括相反情形；第四，此类军人冒充彼类军人，如陆军人员冒充海军人员。

招摇撞骗，是犯罪人假借军人身份进行炫耀、蒙骗，但不以骗取财物为必要条件。如果冒充军人骗取数额较大以上财物的，属于冒充军人招摇撞骗罪与诈骗罪的想象竞合犯，应从一重罪论处；如果冒充军人使用伪造、变造、盗窃的武装部队车辆号牌，造成恶劣影响的，则应以冒充军人招摇撞骗罪论处。

根据刑法规定，冒充军人招摇撞骗的，处三年以下有期徒刑、拘役、管制或者剥夺政治权利；情节严重的，处三年以上十年以下有期徒刑。

8. 行贿罪的内容是什么？

行贿罪，即为谋取不正当利益，给予国家工作人员以财物的行为。由此可知，行贿罪的犯罪构成，具体包括：

第一，给予国家工作人员以财物。首先，为了利用国家工作人员的职务行为，主动给予国家工作人员以财物；其次，在有求于国家工作人员的职务行为时，由于国家工作人员的索取而给予国家工作人员以财物，但因受国家工作人员勒索，并未获得不正当利益的，则不构成行贿；再次，与国家工作人员约定，以满足自己的要求为条件给予国家工作人员以财物；最后，在国家工作人员利用职务上的便利为自己谋取利益时或者为自己谋取利益之后，给予国家工作人员以财物，作为职务行为的报酬。

第二，责任形式为故意，即犯罪人明知自己的给予国家工作人员以财物的行为侵害了国家工作人员职务行为的不可收买性，并且希望或者放任这种结果的发生。在没有获取不正当利益时行贿的，必须"为了谋取不正当利益"，即谋取违反法律、法规、国家政策和国务院各部门规章规定的利益，或者要求对方违反法律、法规、规章、政策、行业规范的规定提供帮助或者方便条件。

第三，行贿罪与受贿罪属于对向犯，行贿方与受贿方均成立对向犯罪，司法机关应严肃处理双方。不能因为受贿行为的法益侵害程度严重，就不认定行贿罪；也不能因为行贿方配合司法机关追查受贿行为而如实交代行贿事实，就不追究行贿方的刑事责任。需要注意的是，法律对行贿方的刑事责任予以特殊规定，即行贿人在被追诉前主动交代行贿行为的，可以从轻或者减轻处罚；犯罪较轻的，对侦破重大案件起关键作用的，或者有重大立功表现的，可以减轻或者免除处罚。

根据刑法规定，对犯行贿罪的，处五年以下有期徒刑或者拘役，并处罚金；因行贿谋取不正当利益，情节严重的，或者使国家利益遭受重大损失的，处五年以上十年以下有期徒刑，并处罚金；情节特别严重的，或者使国家利益遭受特别重大损失的，处十年以上有期徒刑或者无期徒刑，并处罚金或者没收财产。

为谋取不正当利益，向国家工作人员的近亲属或者其他与该国家工作人员关系密切的人，或者向离职的国家工作人员或者其近亲属以及其他与其关系密切的人行贿的，处三年以下有期徒刑或者拘役，并处罚金；情节严重的，或者使国家利益遭受重大损失的，处三年以上七年以下有期徒刑，并处罚金；情节特别严重的，或者使国家利益遭受特别重大损失的，处七年以上十年以下有期徒刑，并处罚金。如果是单位犯罪的，对单位判处罚金，并对其直接负责的主管人员和其他直接责任人员，处三年以下有期徒刑或者拘役，并处罚金。另外，单位为谋取不正当利益而行贿，或者违反国家规定，给予国家工作人员以回扣、手续费，情节严重的，对单位判处罚金，并对其直接负责的主管人员和其他直接责任人员，处五年以下有期徒刑或者拘役，并处罚金。因行贿取得的违法所得归个人所有的，依照行贿罪的规定定罪处罚。

9. 滥用职权罪的内容是什么？

滥用职权罪，即国家机关工作人员滥用职权，致使公共财产、国家和人民利益遭受重大损失的犯罪行为。由此可知，滥用职权罪的犯罪构成，具体包括：

第一，犯罪主体是国家机关工作人员，即在国家机关中从事公务的人员，包括各级立法机关、行政机关、司法机关、军事机关等从事公务的人员。

第二，滥用职权的行为，包括超越职权，擅自决定或处理没有具体决定、处理权限的事项；玩弄职权，随心所欲地对事项作出决定或者处理；故意不履行应当履行的职责，或者任意放弃职责；以权谋私、假公济私，不正确地履行职责。

第三，滥用职权的行为，只有致使公共财产、国家和人民利益遭受重大损失时，才成立犯罪。

第四，责任形式为故意，即行为人明知自己滥用职权的行为会发生侵害国家机关公务的合法、公正、有效执行以及国民对此的信赖的结果，并且希望或者放任该结果发生。

根据刑法规定，国家机关工作人员滥用职权，致使公共财产、国家和人民利益遭受重大损失的，处三年以下有期徒刑或者拘役；情节特别严重的，处三年以上七年以下有期徒刑。此外，国家机关工作人员徇私舞弊犯滥用职权罪的，处五年以下有期徒刑或者拘役；情节特别严重的，处五年以上十年以下有期徒刑。此外，负有食品药品安全监督管理职责的国家机关工作人员滥用职权，有下列情形之一，造成严重后果或者有其他严重情节的，处五年以下有期徒刑或者拘役；造成特别严重后果或者有其他特别严重情节的，处五年以上十年以下有期徒刑：第一，瞒报、谎报食品安全事故、药品安全事件的；第二，对发现的严重食品药品安全违法行为未按规定查处的；第三，在药品和特殊食品审批审评过程中，对不符合条件的申请准予许可的；第四，依法应当移交司法机关追究刑事责任不移交的；第五，有其他滥用职权或者玩忽职守行为的。

10. 虐待部属罪的内容是什么?

虐待部属罪,即滥用职权,虐待部属,情节恶劣,致使部属重伤或者造成其他严重后果的犯罪行为。由此可知,虐待部属罪的犯罪构成,具体包括:滥用职权,即不法行使职务权限的行为;虐待部属,即采取殴打、体罚、冻饿或者其他有损身心健康的手段来折磨、摧残部属;情节恶劣,即虐待部属的情节恶劣,超出正常人承受范围;致人重伤,即虐待行为直接造成部属重伤;造成其他严重后果,即虐待部属的行为造成了重伤、死亡之外的其他严重后果。此外,虐待部属罪的责任形式为故意,即犯罪人明知自己虐待部属的行为会发生侵害部属人身权利的结果,并且希望或者放任该结果发生。

根据刑法规定,滥用职权,虐待部属,情节恶劣,致人重伤或者造成其他严重后果的,处五年以下有期徒刑或者拘役;致人死亡的,处五年以上有期徒刑。

第八章　程序法

第一节　行政诉讼法

1. 行政诉讼法的适用范围是什么？

公民、法人或者其他组织认为行政机关和行政机关工作人员的行政行为侵犯其合法权益，有权依法向人民法院提起诉讼。由此可知，行政诉讼是解决行政机关及其工作人员在行政管理过程中侵犯公民、法人或者其他组织合法权益的问题，并为其合法权益提供相应的司法救济。

行政诉讼法将"具体行政行为"修改为"行政行为"，扩大了行政诉讼法的适用范围。对"行政行为"，应做如下理解：第一，行政行为不包括行政机关制定的规范性文件。行政诉讼法将规范性文件（不含规章）纳入其调整范围，但法院仅做附带性审查，并不对规范性文件作出判决。第二，行政行为既包括行政作为，也包括行政不作为。即行政行为侵犯公民、法人或者其他组织合法权益，既可由行政机关积极作为引起，也可由行政机关消极不作为引起。第三，行政行为包括行政事实行为，即行政主体实施的不产生法律约束力但影响或者改变事实状态的行为，如行政机关实施的检查、调查、勘验、送达等行为。第四，行政行为包括行政机关签订、履行协议的行为。行政机关为实现行政管理目标或行政服务目的，以平等主体身份与行政相对人签订协议。如果行政机关未依法履行或者未按照约定履行协议，行政相对人可向法院提起行政诉讼。

此外，行政行为还包括法律、法规、规章授权的组织作出的行政行为。实践中，我国有些事业单位、社会团体也承担一定的行政管理职能，如中国气象局、中国地震局、中国残疾人联合会、中国银行保险监督管理委员会等，将其所做的行政行为纳入行政诉讼法适用范围内，有利于维护公民、法人或者其他组织的合法权益。

2. 行政诉讼的受案范围有哪些？

行政诉讼受案范围，即公民、法人或者其他组织合法权益受到行政权侵害时而受司法保护的具体范围。行政诉讼受案范围，具体包括：

第一，对行政拘留、暂扣或者吊销许可证和执照、责令停产停业、没收违法所得、没收非法财物、罚款、警告等行政处罚不服的。行政机关违反行政处罚的实体、程序规定，公民、法人或者其他组织均可提起行政诉讼。当事人对责令改正不服的，也可提起行政诉讼。

第二，对限制人身自由或者对财产的查封、扣押、冻结等行政强制措施和行政强制执行不服的。行政强制执行仅包括行政机关的强制执行，而不包括法院的非诉强制执行。

第三，申请行政许可，行政机关拒绝或者在法定期限内不予答复，或者对行政机关作出的有关行政许可的其他决定不服的。公民、法人或者其他组织申请行政许可，行政机关拒绝或在法定期限内不予答复，或者对行政机关作出的有关行政许可的准予、变更、延续、撤销、撤回、注销行政许可等决定不服的，可以向法院提起行政诉讼。

第四，对行政机关作出的关于确认土地、矿藏、水流、森林、山岭、草原、荒地、滩涂、海域等自然资源的所有权或者使用权的决定不服的。此处的确认，包括行政机关颁发确认所有权或者使用权证书，也包括所有权或者使用权发生争议而由行政机关作出的裁决。

第五，对征收、征用决定及其补偿决定不服的。公民、法人或者其他组织对征收、征用决定不服，或者对补偿决定不服，除法律规定复议终局外，均可以提起行政诉讼。

第六，申请行政机关履行保护人身权、财产权等合法权益的法定职责，行政机关拒绝履行或者不予答复的。行政相对人的人身权、财产权等合法权益受到侵害时，如果行政机关不依法履行保护职责，属于行政不作为，行政相对人可向法院提起诉讼。

第七，认为行政机关侵犯其经营自主权或者农村土地承包经营权、农村土地经营权的。乡镇政府或者县级以上地方农村部门等干涉农村土地承包，变更、解除承包合同，或者强迫、阻碍承包方进行土地承包经营权流转的，行政相对人可向法院提起行政诉讼。

第八，认为行政机关滥用行政权力排除或者限制竞争的。如行政机关和法律、法规授权的具有管理公共事务职能的组织不得滥用行政权力，限定或者变相限定单位或者个人经营、购买、使用其指定的经营者提供的商品，公民、法人或者其他组织均可提起行政诉讼。

第九，认为行政机关违法集资、摊派费用或者违法要求履行其他义务的。行政机关向企业、个人乱集资、乱摊派、乱收费的行为严重干扰国家正常的财政税收制度，可向法院提起行政诉讼。

第十，认为行政机关没有依法支付抚恤金、最低生活保障待遇或者社会保险待遇的。抚恤金、最低生活保障待遇及社会保险待遇，均属于国家和社会对公民个人的最低物质保障，行政机关未支付或未兑现上述保障内容的，公民可向法院提起行政诉讼。

第十一，认为行政机关不依法履行、未按照约定履行或者违法变更、解除政府特许经营协议、土地房屋征收补偿协议等协议的。该规定仅解决行政机关一方不履行协议的情况，并不包括行政相对人一方不履行协议的情况。

与此同时，行政诉讼受案范围还包括认为行政机关侵犯其他人身权、财产权等合法权益，以及人民法院受理法律、法规规定可以提起诉讼的其他行政案件，属于兜底性条款。

3. 中级人民法院管辖的第一审行政案件有哪些？

中级人民法院管辖的第一审行政案件，具体包括：

第一，对国务院部门或者县级以上地方人民政府所做的行政行为提起诉讼的案件。以国务院部门为被告的案件，其行政行为具有政策性、专业性强的特点，案件审理结果会对社会产生较大影响，一般不宜由基层法院审理；以县级以上人民政府为被告的案件主要集中在土地、林地、矿藏等所有权与使用权存在争议的案件，此类案件在当地往往影响较大，案情也相对复杂，由中级人民法院管辖，有助于人民法院排除干扰、公正审判。

第二，海关处理的案件。行政案件、行政赔偿案件和审查行政机关申请执行其行政行为的案件由各级人民法院行政审判庭审理，海事法院不予审理。由于海关业务种类繁多、技术较强，涉及对外贸易和科技文化的交流，并且我国仅有部分地区设置海关，多集中在大中城市。将海关管辖的案件交由中级人民法院管辖，完全符合方便当事人进行诉讼的原则。

第三，本辖区内重大、复杂的案件。重大、复杂案件，包括案情的疑难和轻重程度、政策性与专业性的深度与广度、判决结果可能产生的社会影响大小等问题。如社会影响重大的共同诉讼、集团诉讼案件、重大涉外或者涉及港澳台的案件等。本辖区特指中级人民法院的辖区，而非其他层级法院的辖区。

第四，其他法律规定由中级人民法院管辖的案件。属于衔接性规定，例如知识产权法院管辖的有关专利、植物新品种、集成电路布图设计、技术秘密等专业技术性较强的第一审知识产权行政案件；再如北京知识产权法院管辖的不服国务院行政部门裁定或者决定而提起的第一审知识产权授权确权行政案件。

4. 行政诉讼被告如何确定？

行政诉讼被告，即侵犯公民、法人或者其他组织合法权益而被起诉到法院的行政机关和法律、法规、规章授权的组织。

确定行政诉讼被告，具体如下：第一，未经行政复议的案件，作出原行政行为的行政机关是被告。第二，经过行政复议的案件，复议机关决定维持原行政行为，作出原行政行为的行政机关和复议机关是共同被告；复议机关如果改变原行政行为，则复议机关是被告。第三，如果复议机关不作为，当事人可选择原行政机关或复议机关作被告。第四，两个以上行政机关作出同一行政行为，是共同被告。第五，行政机关委托相关组织作出行政行为，委托的行政机关是被告。第六，行政机关被撤销或者职权变更，继续行使其职权的行政机关是被告。

5. 行政诉讼证据种类有哪些？

行政诉讼证据种类，具体包括：第一，书证。即以文字、符号所记录或者表达的思想内容，证明案件事实的文书。第二，物证。即以外形、特征、质量等说明案件事实的部分或者全部的物品。第三，视听资料。即运用录音、录像等科学技术手段记录下来的有关案件事实和材料。第四，电子数据。即以数字化形式存储、处理、传输的数据。第五，证人证言。即证人以口头或者书面方式向人民法院所做的对案件事实的相关陈述。第六，当事人的陈述。即当事人就自身所经历的案件事实向人民法院所作的叙述性陈词。第七，鉴定意见。即鉴定机构或者人民法院指定具有专门知识或者技能的人，对行政案件中出现的专门性问题，通过分析、检验、鉴别等方式作出的书面意见。第八，勘验笔录。即人民法院对能够证明案件事实的现场或者无法拿到人民法院的物证，就地进行分析、检验、勘查后作出的记录。第九，现场笔录。即行政机关及其工作人员在行政管理过程中对有关事项当场所作的记录。上述证据经法庭审查属实，才能作为认定案件事实的根据。

6. 提起行政诉讼的条件是什么？

起诉权，即法律赋予公民、法人或者其他组织的一项重要诉讼权利，任何组织和个人均应尊重保障。提起行政诉讼的条件，具体包括：

第一，原告适格。即原告应当是行政行为相对人以及其他与该行政行为存在利害关系的公民、法人或者其他组织。如果当事人与该行政行为不存在法律上的"利害关系"，则无权提起诉讼。此外，有权提起诉讼的公民死亡，由其近亲属提起诉讼；有权提起诉讼的法人或者其他组织终止，由承受其权利的法人或者其他组织提起诉讼。

第二，被告明确。即原告所诉被告应明确具体。如行政机关在没有法律、法规或者规章规定的情况下，授权其内设机构、派出机构或者其他组织行使行政职权的，当事人若提起诉讼，应以该行政机关为被告。

第三，有具体的诉讼请求和事实根据。诉讼请求，即当事人通过诉讼向人民法院提起的实体要求，如请求撤销行政行为、请求判定行政行为违法或请求履行法定义务等；事实根据，即当事人向人民法院提供的与案件有关的客观事实，如公安机关出具的罚单、工商部门下达的通知、税务部门送达的文书等，多以证据材料的形式表现出来。

第四，属于法院受案范围和受诉法院管辖。需要注意的是，人民法院不予受理的事项：首先，国防、外交等国家行为；其次，行政法规、规章或者行政机关制定、发布的具有普遍约束力的决定、命令；再次，行政机关对行政机关工作人员的奖惩、任免等决定；最后，法律规定由行政机关最终裁决的行政行为。

7. 诉讼期间，停止执行行政行为的情形有哪些？

诉讼期间，原行政行为不停止执行。有下列情形之一的，可由人民法院裁定停止执行：

第一，被告认为需要停止执行。诉讼期间，作为被告的行政机关或其他具有行政管理职能的机构、组织，如果发现行政行为自身错误或者情势变更不适宜执行的，可依职权决定停止执行行政行为。

第二，原告或者利害关系人申请停止执行，人民法院认为该行政行为的执行会造成难以弥补的损失，并且停止执行不损害国家利益、社会公共利益。此外，人民法院认为该行政行为的执行会给国家利益、社会公共利益造成重大损害，也可裁定停止执行。

第三，法律、法规规定停止执行。如被处罚人不服行政拘留处罚决定，申请行政复议、提起行政诉讼，可向公安机关提出暂缓执行行政拘留申请。公安机关认为暂缓执行行政拘留不致发生社会危险，可由被处罚人或者其近亲属提出符合法律规定条件的担保人，或者按每日行政拘留二百元的标准交纳保证金，从而暂缓执行行政拘留。

申请停止执行是当事人在行政诉讼中的一项重要的程序权利，能够通过临时性救济避免造成不可弥补的损失，并直接关系到其胜诉后实体权利的维护。根据法律规定，当事人对停止执行或者不停止执行的裁定不服，可以申请复议一次。

8. 行政机关拒绝履行判决、裁定、调解书，第一审人民法院可采取哪些措施？

行政机关应自觉履行人民法院作出的发生法律效力的判决、裁定、调解书。行政机关拒绝履行的，第一审人民法院可采取以下措施：

第一，对应当归还的罚款或者应当给付的款额，通知银行从该行政机关的账户内划拨。第二，在规定期限内不履行，从期满之日起，对该行政机关负责人按日处五十元至一百元的罚款。第三，将行政机关拒绝履行的情况予以公告。第四，向监察机关或者该行政机关的上一级行政机关提出司法建议。接受司法建议的机关，根据有关规定进行处理，并将处理情况告知人民法院。第五，拒不履行判决、裁定、调解书，社会影响恶劣的，可以对该行政机关直接负责的主管人员和其他直接责任人员予以拘留；情节严重，构成犯罪的，依法追究刑事责任。

第二节　民事诉讼法

1. 审理民事案件的审判组织有哪些？

　　民事案件审判权由人民法院依法行使，并通过相应的组织形式表现，即人民法院通过审判组织审理案件来实现审判权。审理民事案件的审判组织，具体包括：第一，人民法院审理第一审民事案件，由审判员、陪审员共同组成合议庭或者由审判员组成合议庭。其中，适用简易程序审理的民事案件，由审判员一人独任审理。第二，人民法院审理第二审民事案件，由审判员组成合议庭。发回重审的案件，原审人民法院应当按照第一审程序另行组成合议庭。第三，审理再审案件，原来是第一审的，按照第一审程序另行组成合议庭。原来是第二审的或者是上级人民法院提审的，则按照第二审程序另行组成合议庭。由此可知，合议制、独任制是审理民事案件的基本审判组织形式。

　　合议制，即由人民法院集体审判案件，表现为合议庭：第一，合议庭人数必须是单数，以实现对案件重大事项的民主表决。第二，合议庭的审判长由院长或者庭长指定审判员一人担任。院长或者庭长参加审判的，由院长或者庭长担任。第三，合议庭评议案件，实行少数服从多数的原则。评议应当制作笔录，由合议庭成员签名。评议中的不同意见，必须如实记入笔录。

独任制，即由审判员一人对案件进行审理裁判。适用独任制的条件：第一，基层人民法院或其排除法庭审理的第一审民事案件权利义务关系明确、事实清楚，争议不大；第二，人民法院依据特别程序审理的非诉案件，但排除选民资格案件和重大复杂案件；第三，人民法院在审理案件时，发现案件重大复杂，适用独任制可能影响审判质量的，应将独任制改为合议制，保障案件审理质量。

2. 审判人员自行回避的情形有哪些？

回避，即承办案件的审判人员和其他人员与本案存在利害关系或者其他关系，可能影响案件公正审理，从而退出案件审理工作。此外，当事人有权向人民法院申请更换本案的审判人员和其他人员，确保案件公正审理。审判人员自行回避的情形，具体包括：

第一，是本案当事人或者当事人、诉讼代理人近亲属。如果审判人员是案件当事人，不仅与案件争议事实存在直接利害关系，还违反"任何人均不得做自己案件的法官"之法理基础；如果审判人员是案件当事人、诉讼代理人近亲属，则有可能徇私偏袒，不能公正审理。

第二，与本案有利害关系。即案件的审理结果与本案审判人员或者其他人员存在法律上的利害关系。如在民事诉讼中，审判人员与原、被告之间存在债权债务关系，而原、被告之间也存在债权债务关系，该审判人员极有可能在审判中考虑不相关因素，影响案件公正审理。

第三，与本案当事人、诉讼代理人有其他关系，可能影响对案件公正审理。即审判人员与本案当事人、诉讼代理人存在同窗、同乡等社会关系，或者曾经与本案当事人、诉讼代理人存在过节，甚至恩怨，影响案件公正审理。

需要注意的是，上述回避情形不仅适用于审判人员，而且还适用于书记员、翻译人员、鉴定人和勘验人等其他诉讼参加人员。

3. 哪些人员可以被委托为诉讼代理人？

诉讼代理人，即以当事人的名义，在一定权限范围内，为最大限度维护当事人权益而进行民事诉讼活动的人。被代理的一方当事人称为被代理人；诉讼代理人代理当事人进行诉讼活动的权限，称为诉讼代理权；诉讼代理人还包括法定代理人，即当事人无诉讼行为能力，则由其监护人作为法定代理人代为诉讼，法定代理人之间互相推诿代理责任，由人民法院指定其中一人代为诉讼。

可被委托为诉讼代理人的人：第一，律师、基层法律服务工作者。律师的一项主要业务就是接受民事案件当事人的委托，担任代理人参加诉讼。律师参加诉讼对人民法院查清事实，正确运用法律，维护当事人的合法权益具有重要作用。第二，当事人的近亲属或者工作人员。当事人的近亲属包括夫、妻、父、母、子、女、同胞兄弟姐妹、祖父母、外祖父母。第三，当事人所在社区、单位以及有关社会团体推荐的公民。为维护当事人的合法权益，使其免受不必要的司法讼累，当事人所在社区、单位以及有关社会团体可为其推荐具备一定法律素质和经验的公民出任诉讼代理人。

当事人、法定代理人可以委托一人至二人作为诉讼代理人。委托他人代为诉讼，必须向人民法院提交由委托人签名或者盖章的授权委托书。授权委托书必须记明委托事项和权限。诉讼代理人代为承认、放弃、变更诉讼请求，进行和解，提起反诉或者上诉，必须有委托人的特别授权。

4. 法院调解的内容有哪些？

法院调解，即人民法院在审理民事案件时，在人民法院审判人员主持下，查明事实、分清是非、自愿协商、互谅互让、达成协议，从而解决民事纠纷。法院调解的内容，具体包括：

第一，人民法院进行调解，可由审判员一人主持，也可由合议庭主持，尽可能就地进行，并用简便方式通知当事人、证人到庭，提高司法效率、方便当事人。

第二，人民法院进行调解，可邀请有关单位和个人协助。被邀请的单位和个人，应当协助人民法院进行调解，说服、疏导当事人，顺利解决民事纠纷，促使双方达成调解协议。

第三，调解达成协议，必须双方自愿，不得强迫，调解协议的内容不得违反法律规定。调解工作应严格遵循自愿原则、合法原则，调解不成的，人民法院应及时裁判。

第四，调解达成协议的，人民法院应制作调解书。调解书应写明诉讼请求、案件事实和调解结果，由审判人员、书记员署名，加盖人民法院印章，送达双方当事人，经双方当事人签收后，即具法律效力。

第五，对调解和好的离婚案件、调解维持收养关系的案件、能够即时履行的案件以及其他不需要制作调解书的案件，人民法院可不制作调解书，但应记入笔录，由双方当事人、审判人员、书记员签名或者盖章后，即具法律效力。

第六，调解未达成协议或者调解书送达前一方反悔的，人民法院应当及时判决。对当事人而言，法院调解是当事人通过协商处分自身实体权利、诉讼权利的重要表现；对法律而言，调解未达成协议或者调解书送达前当事人反悔，是对其实体权利、诉讼权利的实质保护。

5. 如何认定公民为无民事行为能力人？

民事行为能力，即公民、法人或者其他组织通过自己的行为，行使民事权利、履行民事义务。自然人的民事行为能力受年龄、智力和精神等因素影响，分为完全民事行为能力人、限制民事行为能力人和无民事行为能力人。无民事行为能力人，包括不满八周岁的我国公民或者不能辨认和控制自己行为的精神病人。

认定公民为无民事行为能力人的程序：第一，由其近亲属或者其他利害关系人向该公民住所地基层人民法院提出书面申请，并写明该公民无民事行为能力的事实和根据。第二，人民法院受理申请后，必要时应对被请求认定为无民事行为能力的公民进行鉴定。如果申请人将有关部门出具的能够表明被申请人确系精神病人的鉴定结论提交给人民法院，审判人员应予以审查。第三，人民法院审理认定公民无民事行为能力的案件，应由该公民的近亲属为代理人，申请人除外。近亲属互相推诿，则由人民法院指定其中一人为代理人。如果该公民健康情况许可，还应询问本人意见。第四，人民法院经审理认定申请存在事实根据，应判决该公民为无民事行为能力。如果认定申请没有事实根据，应判决予以驳回。

人民法院根据被认定为无民事行为能力人或者其监护人的申请，证实该公民无民事行为能力的原因已经消除，应当作出新判决，撤销原判决。

6. 中止诉讼的情形有哪些？

根据法律规定，中止诉讼的情形，具体包括：

第一，一方当事人死亡，需要等待继承人表明是否参加诉讼。民事诉讼中，一方当事人死亡，则其诉讼权利能力自然终止，诉讼无法继续进行，须等待其继承人参加诉讼。但确定继承人是一个较为复杂且漫长的过程，继承人还有可能拒绝参加诉讼，使诉讼提前终结。

第二，一方当事人丧失诉讼行为能力，尚未确定法定代理人。民事诉讼中，一方当事人突发精神疾病或丧失辨别能力，则其诉讼行为能力自然丧失，无法自主行使诉讼权利、承担诉讼义务，须尽快确定监护人，由监护人作为其法定代理人代为诉讼。

第三，作为一方当事人的法人或者其他组织终止，尚未确定权利义务承受人。在民事诉讼中，一方当事人是法人或者其他组织，因撤销、合并、解散等原因而终止，其诉讼权利、诉讼义务即无人行使、承担，诉讼无法继续进行，在原法人或者其他组织权利义务承受人未确定之前，应中止诉讼。

第四，一方当事人因不可抗拒的事由，不能参加诉讼。即一方当事人因地震、洪水、战争等自然或人为因素，在较长时间内无法参加诉讼，可中止诉讼。此外，当事人应当向人民法院说明不可抗拒事由的具体情况。必要时，还需提供相关证明。

第五，本案须以另一案的审理结果为依据，而另一案尚未审结。如一个民事案件的事实认定需要以另一个民事案件的审理结果为根据，或者一个民事案件的法律适用需要以另一个行政或刑事案件的审理结果为基础，如果不中止诉讼而等待另一案件审结便裁判的话，就会出现两案事实认定矛盾、适用法律错误的严重后果，不仅有损法律尊严，也不利于保护当事人。

中止诉讼的裁定是由人民法院以书面形式作出的，并由审判人员、书记员署名加盖人民法院印章。中止诉讼的裁定一经作出，即发生法律效力，当事人不得上诉，也不得申请复议。此外，中止诉讼的情形一旦消除，诉讼程序随即恢复。

7. 人民法院应当再审的情形有哪些？

人民法院应当再审的情形，具体包括：

第一，有新的证据，足以推翻原判决、裁定。即在先前民事诉讼程序中未发现的证据，并且该证据足以推翻原判决、裁定。

第二，原判决、裁定认定的基本事实缺乏证据证明。即当事人无法提供证据以证明诉讼请求存在客观依据，或者提供的证据不足以证明诉讼请求符合客观事实的情况。

第三，原判决、裁定认定事实的主要证据是伪造的。人民法院应客观审查当事人提供的证据，确保证据具有客观性、合法性和关联性。

第四，原判决、裁定认定事实的主要证据未经质证。证据只有经过质证，才能查明真伪，并最终为法庭所采信，未经质证的证据不能作为认定事实的根据。

第五，对审理案件需要的主要证据，当事人因客观原因不能自行收集，书面申请人民法院调查收集，人民法院未调查收集。如果人民法院未调查收集主要证据，即支持或驳回当事人的诉讼请求，则该判决或裁定缺乏证据证明，可能出现实体错误。

第六，原判决、裁定适用法律确有错误。即原判决、裁定适用实体法律出现错误，并直接导致实体错误出现，人民法院应当再审。

第七，审判组织的组成不合法或者依法应当回避的审判人员没有回避。程序违法极有可能导致实体出现错误，人民法院应当再审。

第八，无诉讼行为能力人未经法定代理人代为诉讼或应参加诉讼的当事人因不能归责于本人或者其诉讼代理人的事由，未参加诉讼。

第九，违反法律规定，剥夺当事人辩论权利。民事诉讼法将当事人的辩论权作为基本原则予以规定，人民法院在审理民事案件时，当事人享有辩论权利。

第十，未经传票传唤，缺席判决。民事诉讼法规定，被告只有经传票传唤，在无正当理由拒不到庭的情况下，人民法院才能缺席审判，否则便严重违反程序，人民法院应当再审。

第十一，原判决、裁定遗漏或者超出诉讼请求。民事诉讼法将当事人的处分原则作为基本原则予以规定，当事人有权在法律规定的范围内处分自己的民事权利和诉讼权利。

第十二，据以作出原判决、裁定的法律文书被撤销或者变更。实践中，有的民事案件是以另一民事案件的裁判结果为审理依据，如果另一民事案件的判决、裁定被撤销或变更，则以其为依据而作的判决、裁定也应随之撤销或者变更。

第十三，审判人员审理该案件时有贪污受贿、徇私舞弊、枉法裁判行为。审判人员应当依法秉公办案,不得接受当事人及其诉讼代理人请客送礼。如果审判人员有贪污受贿、徇私舞弊、枉法裁判行为,应追究法律责任;构成犯罪的,还应追究刑事责任。

8. 申请执行的条件有哪些?

申请执行,即享有权利的一方当事人在对方当事人拒绝履行生效法律文书所规定的义务时,向人民法院提出强制执行申请。对于生效的法律文书,当事人必须严格履行。如果当事人拒绝履行,生效的法律文书就沦为一张"白纸",当事人的合法权益就无法从根本上得到保障。申请执行的条件,具体包括:

第一,义务人未在法律文书确定的期间内履行义务。即义务人在法律文书所确定的履行期限届满后仍未履行义务。法律文书包括人民法院依法作出的判决、裁定、调解书,仲裁机构依法作出的仲裁协议,公证机关赋予强制执行效力的债权文书,行政机关作出的具有法律效力的行政决定等。

第二,申请人应在法律规定的期间内提出申请执行。申请人如果超过法定期间提出申请执行,人民法院则不予执行。申请执行的期间通常为两年,申请执行时效的中止、中断,适用法律有关诉讼时效中止、中断的规定。

第三,申请执行应采取书面形式,向人民法院递交申请执行书。申请说明书应具体说明申请执行的依据、事项、理由,并尽量提供被申请人经济状况和财产情况。

第三节　刑事诉讼法

1. 不追究刑事责任的情形有哪些？

不追究刑事责任，表现为撤销案件、不予起诉、终止审理或者宣告无罪，适用如下情形：

第一，情节显著轻微、危害不大，不认为是犯罪。即行为虽是违法行为，并具有社会危害性，但情节显著轻微、危害不大不构成犯罪，故不追究刑事责任。此外，如果没有证据证明犯罪嫌疑人、被告人存在违法行为，或者现有证据证明犯罪嫌疑人、被告人的行为构成正当防卫、紧急避险、职务行为或者其他正当行为，则不能适用此规定。

第二，犯罪已过追诉时效期限。追诉时效是对犯罪行为进行追诉的有效期限，司法机关在法律规定的期限内未进行追诉，刑罚权即归于消灭。此外，在人民检察院、公安机关、国家安全机关立案侦查或者在人民法院受理案件以后，逃避侦查或者审判，则不受追诉期限的限制；被害人在追诉期限内提出控告，人民法院、人民检察院、公安机关应当立案而不予立案的，也不受追诉期限的限制。

第三，经特赦令免除刑罚。赦免是国家对于犯罪分子宣告免予追诉或者免除执行刑罚的全部或者一部分的制度，赦免包括大赦和特赦。特赦是国家对受罪刑宣告的特定犯罪分子免除其刑罚的全部或部分的执行，犯罪人一经特赦，即不再被追究刑事责任。

第四，依照刑法告诉才处理的犯罪，没有告诉或者撤回告诉。告诉才处理的犯罪包括侮辱罪、诽谤罪、暴力干涉婚姻自由罪、虐待罪和侵占罪，这些犯罪属于自诉案件。有权提起自诉的人没有提起自诉，或者在提起自诉后撤回自诉，就不能再追究刑事责任。

第五，犯罪嫌疑人、被告人死亡。犯罪嫌疑人、被告人是承担刑事责任的主体，其一旦死亡，即丧失追究刑事责任的必要，也无法追究刑事责任。此外，涉嫌犯罪的单位被撤销、注销、吊销营业执照或者宣告破产，对该单位也无法继续追诉。

第六，其他法律规定免予追究刑事责任的。

2. 哪些人员可以被委托为辩护人？

辩护人，即在刑事诉讼中接受犯罪嫌疑人、被告人及其法定代理人的委托或者人民法院的指定，帮助犯罪嫌疑人、被告人行使辩护权，维护其合法权益的人。

可以被委托为辩护人的人员包括：第一，律师。律师是依法取得律师执业证书，接受委托或者指派，为当事人提供法律服务的专业人员。律师不仅具有法律专业知识，还享有一些其他辩护人所不享有的诉讼权利，如在侦查阶段，犯罪嫌疑人只能聘请律师为其提供法律咨询。第二，人民团体或者犯罪嫌疑人、被告人所在单位推荐的人。人民团体和单位推荐的人能够对案件中的一些专业性问题发表意见，或者提供行业内部的基本情况，从而弥补律师力量的不足，并对司法机关准确认定案件事实、正确处理案件发挥积极作用。第三，犯罪嫌疑人、被告人的监护人、亲友。法律之所以允许这些人员担任辩护人，一方面是因为他们对犯罪嫌疑人、被告人的情况比较了解，能够为司法机关提供未掌握的案件基本情况；另一方面法律也考虑到相当一部分犯罪嫌疑人、被告人缺乏聘请律师的经济能力，降低辩护的成本，确保辩护权的行使。

此外，下列人员不得担任辩护人：第一，处于缓刑、假释考验期间的人和刑罚尚未执行完毕的人；第二，依法被剥夺、限制人身自由的人；第三，无行为能力人或者限制行为能力人；第四，人民法院、人民检察院、监察机关、公安机关、国家安全机关、监狱的现职人员；第五，人民陪审员；第六，与本案审理结果有利害关系的人；第七，被开除公职和被吊销律师、公证员执业证书的人，不得担任辩护人，但系犯罪嫌疑人、被告人的监护人、近亲属的除外；第八，外国人或者无国籍人。

3. 特定犯罪中相关人员的安全保护措施有哪些？

对于危害国家安全犯罪、恐怖活动犯罪、黑社会性质的组织犯罪、毒品犯罪等案件，证人、鉴定人、被害人因在诉讼中作证，使本人或者其近亲属的人身安全面临危险，司法机关应采取以下保护措施：

第一，不公开真实姓名、住址和工作单位等个人信息。即对证人、鉴定人、被害人的身份信息予以严格保密。第二，采取不暴露外貌、真实声音等出庭作证措施。即在庭审时为证人、鉴定人、被害人提供隐蔽作证的方式。如经法庭许可，通过实时网络连线的方式，使证人、鉴定人、被害人避免在法庭上直接露面。第三，禁止特定的人员接触证人、鉴定人、被害人及其近亲属。如缓刑犯、管制犯不得在一些偏僻的地点接触证人、鉴定人、被害人及其近亲属，以免对其造成身体伤害或引发心理压力。第四，对人身和住宅采取专门性保护措施。即司法机关可派专人对证人、鉴定人、被害人及其近亲属的人身和住宅予以保护，或者为其提供临时性隐蔽住所，防止打击报复行为发生。第五，其他必要的保护措施。即司法机关可根据案件具体情况，对证人、鉴定人、被害人及其近亲属提供必要的保护措施。

除司法机关主动采取安全保护措施以外，证人、鉴定人、被害人认为因在诉讼中作证，本人或者其近亲属的人身安全面临危险的，也可以请求人民法院、人民检察院、公安机关予以保护。依法采取保护措施的，有关单位和个人应予以配合。

4. 取保候审的适用条件有哪些？

取保候审，即司法机关责令犯罪嫌疑人、被告人提出保证人或者缴纳保证金，保证不逃避或妨碍侦查、起诉和审判，并随传随到的强制措施。取保候审的适用条件，具体包括：

第一，可能判处管制、拘役或者独立适用附加刑。管制、拘役或者独立使用附加刑的适用对象均是犯罪情节轻微的罪犯，并不需要进行人身监禁，即便采取人身监禁，时间也相对较短。对其适用取保候审，符合法理上比例原则的基本要求。

第二，可能判处有期徒刑以上刑罚，采取取保候审不致发生社会危险性。此处的"危险性"，特指可能实施新的犯罪的；有危害国家安全、公共安全或者社会秩序的现实危险的；可能毁灭、伪造证据，干扰证人作证或者串供的；可能对被害人、举报人、控告人实施打击报复的以及企图自杀或者逃跑等情形。

第三，患有严重疾病、生活不能自理，怀孕或者正在哺乳自己婴儿的妇女，采取取保候审不致发生社会危险性。这是法律人道主义的直接体现，上述犯罪嫌疑人、被告人的社会危险性相对较小，可适用取保候审。

第四，羁押期限届满，案件尚未办结，需要采取取保候审。司法机关在法定羁押期限内无法办结案件，如果继续羁押的，将构成超期羁押。此时，司法机关可将羁押性强制措施变更为非羁押性强制措施。实践中，取保候审通常是司法机关的基本选择。

需要注意的是，取保候审只能由公安机关依法执行。

5. 人民检察院审查起诉时，须查明哪些内容？

审查起诉，即人民检察院对公安机关侦查终结移送起诉的案件和自行侦查终结的案件进行审查，以决定是否对犯罪嫌疑人提起公诉的刑事诉讼活动。人民检察院审查起诉时，须查明以下内容：

第一，犯罪事实、情节是否清楚，证据是否确实、充分，犯罪性质和罪名的认定是否正确。犯罪事实、情节清楚，既要查清主要犯罪事实和情节，又要查清次要犯罪事实和情节。既要查清主犯的犯罪事实，又要查清同案犯的犯罪事实；证据应确实、充分，并具备客观性、法定性和关联性，重点审查收集证据的程序是否合法，审查犯罪性质和罪名的认定是否正确，对刑法分则中不同性质的犯罪，应区别清楚，不能混淆。

第二，有无遗漏罪行和其他应当追究刑事责任的人。在审查起诉时，必须认真审查被移送起诉的犯罪嫌疑人是否存在其他遗漏罪行，还应审查有无其他应追究刑事责任的人，真正达到"不枉不纵、不错不漏"的刑事诉讼基本要求。

第三，是否属于不应追究刑事责任。确保无罪的人及依法不应追究刑事责任的人不受错误的刑事追究，是刑事诉讼法的基本要求之一。人民检察院在审查起诉时，应认真查明犯罪嫌疑人有无法律规定的不应追究刑事责任的情形，一旦查明犯罪嫌疑人不应被追究刑事责任，就直接作出不起诉决定。

第四，有无附带民事诉讼。当国家、集体财产因犯罪行为受到损失，人民检察院在提起公诉时，可以主动提起附带民事诉讼。此外，如果公民的财产受到损失，被害人没有提起附带民事诉讼，人民检察院应当告知被害人享有提起附带民事诉讼的权利。

第五，侦查活动是否合法。人民检察院是专门的法律监督机关，对整个刑事诉讼活动实施法律监督，应重点审查侦查活动中是否存在刑讯逼供、超期羁押和以威胁、引诱、欺骗以及其他非法方法收集证据的情况。

6. 死刑复核程序的内容有哪些？

根据法律规定，死刑应由最高人民法院予以核准。此处的死刑，即指实施死刑立即执行。需要报请最高人民法院核准的死刑案件，具体包括：第一，中级人民法院判处死刑立即执行，被告人不上诉，经高级人民法院复核的第一审案件；第二，高级人民法院判处死刑立即执行的被告人不上诉的第一审案件；第三，高级人民法院判处死刑立即执行的第二审案件。

最高人民法院复核死刑的程序，具体包括：第一，最高人民法院复核死刑案件，应由审判员三人组成合议庭进行，排除独任制。第二，最高人民法院复核死刑案件，应当作出核准或者不核准死刑的裁定。对于不核准死刑的，最高人民法院可以发回重新审判或者予以改判。第三，最高人民法院复核死刑案件，应当讯问被告人，辩护律师提出要求的，还应当听取辩护律师的意见。第四，在复核死刑案件过程中，最高人民检察院可向最高人民法院提出意见，最高人民法院应当将死刑复核结果通报最高人民检察院。

7. 申诉引起再审的情形有哪些?

申诉,即受生效裁判影响的人要求人民检察院提出抗诉或者要求人民法院决定对案件按照审判监督程序审理的诉讼行为。根据法律规定,享有申诉权的人包括当事人及其法定代理人、近亲属,对已经发生法律效力的判决、裁定向人民法院或者人民检察院提出申诉,但原判决、裁定不停止执行。

申诉引起再审的情形包括:第一,有新的证据证明原判决、裁定认定的事实确有错误,可能影响定罪量刑。新证据是指作出生效裁判时未调查、未获得、未采信的证据。第二,据以定罪量刑的证据不确实、不充分、依法应当予以排除,或者证明案件事实的主要证据之间存在矛盾。即有的定罪量刑事实缺乏证据证明或者没有经法定程序查证属实,或者所认定的事实还没有排除合理怀疑。第三,原判决、裁定适用法律确有错误。即在罪与非罪、此罪与彼罪、一罪与数罪、单位犯罪与个人犯罪、单独犯罪与共同犯罪、犯罪完成与未完成、数罪并罚、刑期计算等方面存在实体错误。第四,违反法律规定的诉讼程序,可能影响公正审判。如审判人员未自行回避、被告人未作最后陈述、未成年被告人的监护人未在场等。第五,审判人员在审理该案件的时候,有贪污受贿、徇私舞弊、枉法裁判行为,审判人员只要有上述三种行为,案件就应再审。

8. 未成年人刑事案件附条件不起诉的内容有哪些?

未成年人刑事案件附条件不起诉,即对符合起诉条件,但犯罪较轻、有悔罪表现的未成年犯罪嫌疑人,决定不起诉,并设置考验期进行监督考察的案件处理方式。内容包括:

第一，主体上。即犯罪时已满十四周岁不满十八周岁的未成年人。第二，罪名上。未成年人所涉嫌的犯罪，是侵犯公民人身权利、民主权利罪，侵犯财产罪和妨害社会管理秩序罪。如果未成年人涉嫌刑法分则其他章节的犯罪，则不适用附条件不起诉。第三，刑罚上。即可能判处一年有期徒刑以下刑罚，人民检察院应结合未成年人主观恶性、客观危害，综合考虑案件事实和情节，在经审查起诉后，充分考量人民法院实际能够判处的刑罚。第四，程序上。案件本身必须符合起诉条件，即案件事实清楚，证据确实、充分，依法应当追究未成年犯罪嫌疑人的刑事责任。第五，表现上。未成年犯罪嫌疑人必须要有悔罪表现，人民检察院才有可能作出附条件不起诉的决定。如果未成年犯罪嫌疑人仅仅认罪，但没有赔礼道歉、赔偿损失等悔罪的积极行为，原则上不得认为有悔罪表现。

第四节　仲裁法

1. 可申请仲裁的事项有哪些？

根据法律规定，平等主体的公民、法人和其他组织之间发生的合同纠纷和其他财产权益纠纷，可以仲裁。由此可知，申请仲裁的主体是民事主体，即公民、法人或者其他组织；仲裁的范围必须是合同纠纷和其他财产纠纷；仲裁的事项必须是当事人有权处分的相关事宜。此外，存在民事纠纷的公民、法人或者其他组织申请仲裁的基础是自愿原则，即当事人采用仲裁方式解决纠纷，应当双方自愿，达成仲裁协议。没有仲裁协议，一方执意申请仲裁，仲裁委员会不予受理。

2. 不可申请仲裁的事项有哪些？

不可申请仲裁的事项，具体包括：第一，婚姻、收养、监护、扶养、继承纠纷。此类纠纷虽然属于民事纠纷，并有可能涉及财产争议，但却以当事人不能自由处分的人身关系为基础，须由政府部门作出决定或者人民法院作出裁判，不可申请仲裁。第二，依法应当由行政机关处理的行政争议。行政争议是行政机关之间，或者国家行政机关与企事业单位、社会团体、公民之间，因行政管理活动而引起的争议。解决行政争议的法定途径是申请行政复议或提起行政诉讼，不可申请仲裁。

3. 什么是仲裁协议？

仲裁协议，即民事主体以自愿协商、平等互利为基础，将民事纠纷提交仲裁机构仲裁的书面协议。特点包括：第一，仲裁协议在性质上属于合同。仲裁协议以自愿协商、平等互利为基础，是民事主体一致的意思表示。第二，仲裁协议在形式上属于书面。仲裁协议包括合同中订立的仲裁条款和以其他书面方式在纠纷发生前或者纠纷发生后达成的请求仲裁的协议。第三，仲裁协议在内容上属于申请。仲裁协议是存在民事纠纷的民事主体向仲裁机构申请仲裁的书面申请。

4. 仲裁协议的内容有哪些？

仲裁协议的内容，具体包括：第一，请求仲裁的意思表示。该意思表示应明确具体，并且是民事主体共同、真实、自身的意思表示。第二，仲裁事项。仲裁事项应明确具体，并具有可仲裁性，排除人身关系争议、行政争议。第三，选定的仲裁委员会。仲裁委员会应明确具体，不能含混不清。

5. 仲裁协议无效的情形有哪些?

仲裁协议无效的情形，具体包括：第一，约定的仲裁事项超出法律规定的仲裁范围。第二，无民事行为能力人或者限制民事行为能力人订立仲裁协议。第三，一方采取胁迫手段，迫使对方订立的仲裁协议。第四，仲裁协议对仲裁事项或者仲裁委员会没有约定或者约定不明确，当事人达不成补充协议。需要注意的是，当事人对仲裁协议的效力有异议，可以请求仲裁委员会作出决定或者请求人民法院作出裁定。一方请求仲裁委员会作出决定，另一方请求法院作出裁定，则由人民法院依法裁定。此外，当事人如果对仲裁协议的效力有异议，应当在仲裁庭首次开庭前提出。

6. 撤销仲裁裁决的情形有哪些?

撤销仲裁裁决，即享有管辖权的中级人民法院根据一方当事人的申请，依法裁定撤销仲裁裁决的司法监督活动。撤销仲裁裁决的情形，具体包括：

第一，没有仲裁协议。民事主体在没有仲裁协议的情况下申请仲裁，仲裁机构不应受理，且不得作出仲裁裁决。如果仲裁机构对没有仲裁协议的案件予以受理并作出仲裁裁决，则严重违反自愿原则，仲裁裁决属于违法，应予撤销。

第二，裁决的事项不属于仲裁协议的范围或者仲裁委员会无权仲裁。当事人申请仲裁的事项不属于仲裁协议的范围，但仲裁机构仍予受理并作出裁决，或者当事人已确定申请仲裁的范围，但仲裁机构的仲裁裁决超出了当事人的申请范围，应予撤销。

第三，仲裁庭的组成或者仲裁的程序违法。如仲裁机构没有按照法定期限将全部文件或材料送达双方当事人，或者当事人未能在仲裁程序中获得陈述或辩论机会，以及仲裁员有法定回避情形而未回避的，应予撤销。

第四，裁决所依据的证据属于伪造。证据是仲裁庭查明案件真实情况并确定当事人权利义务关系的根据，如果当事人向仲裁庭提供的证据确属伪造，必将影响仲裁庭对案件事实作出正确判断，无法保障仲裁裁决的客观性、公正性，应予撤销。

第五，对方当事人隐瞒了足以影响公正裁决的证据。一方当事人隐瞒对自身不利且不为他人掌握的证据，仲裁庭对案件事实的判断就会与客观情况不符，仲裁裁决就会给另一方当事人造成不公正的后果，应予撤销。

第六，仲裁员在仲裁该案时索贿受贿、徇私舞弊、枉法裁决。在仲裁过程中，仲裁员向当事人索要、接受财物或其他不正当利益，为自身利益或有关承诺而弄虚作假，甚至故意错误地适用法律，属于严重的违法行为，应予撤销。此外，人民法院认定仲裁裁决违背社会公共利益的，也应予撤销。

第五节　劳动争议调解仲裁法

1. 引发劳动争议的情形有哪些？

引发劳动争议的情形，具体包括：

第一，因确认劳动关系发生的争议。劳动关系是用人单位与劳动者在劳动过程中所建立的权利义务关系，用人单位自用工之日起即与劳动者建立劳动关系。实践中，部分用人单位以未与劳动者订立劳动合同为由，拒绝承认劳动关系，由此引发劳动争议。

第二，因订立、履行、变更、解除和终止劳动合同发生的争议。劳动合同，即用人单位与劳动者之间确立劳动关系并明确权利义务的书面协议。实践中，订立、履行、变更、解除和终止劳动合同极易引发劳动争议。比如用人单位未与劳动者协商，即单方变更劳动合同所约定的内容；再如劳动者在试用期内符合录用条件，用人单位却单方解除劳动合同。

第三，因除名、辞退和辞职、离职发生的争议。除名，即用人单位对旷工超过一定期限的劳动者给予的内部处分；辞退，即用人单位对严重违反劳动纪律、单位章程的劳动者单方解除劳动关系；辞职，即劳动者辞去职务并离开原用人单位的行为；离职，即劳动者自行离开工作岗位并脱离用人单位的行为。上述行为均会终止劳动关系，是引发劳动争议的诱因。

第四，因工作时间、休息休假、社会保险、福利、培训以及劳动保护发生的争议。根据法律规定，国家实行劳动者每日工作时间不超过八小时、平均每周工作时间不超过四十四小时的工时制度。同时，用人单位应保证劳动者每周至少休息一日，并在法定节假日安排劳动者休假。实践中，用人单位出于利润效益的考虑，往往会影响或剥夺劳动者休息休假的权利，进而引发劳动争议。

第五，因劳动报酬、工伤医疗费、经济补偿或者赔偿金等发生的争议。劳动报酬，即劳动者付出劳动后应得的工资；工伤医疗费，即劳动者为治疗自己在劳动过程中所遭受的身体损伤和职业伤害而产生的相关费用。此外，经济补偿和赔偿金是用人单位在相关情形下向劳动者履行的金钱义务。比如用人单位未缴纳社会保险费，劳动者可以解除劳动合同，但用人单位应向劳动者支付经济补偿；再如用人单位违反法律规定解除或者终止劳动合同，则应向劳动者支付赔偿金。

第六，法律、法规规定的其他劳动争议。

2. 劳动争议调解的内容有哪些？

劳动争议调解，即用人单位在与劳动者之间发生劳动争议后，当事人依法向劳动争议调解机构申请调解的相关活动。内容包括：第一，调解组织。包括企业劳动争议调解委员会、依法设立的基层人民调解组织以及在乡镇、街道设立的具有劳动争议调解职能的组织。第二，调解人员。调解人员应公道正派、联系群众、热心调解，并具有一定的法律知识、政策水平和文化水平。第三，申请方式。当事人可书面申请，也可口头申请。口头申请的，调解组织应当场记录申请人基本情况，申请调解的争议事项、理由和时间。第

四，实施调解。在调解劳动争议过程中，调解人员应充分听取双方
当事人对事实和理由的陈述，耐心疏导，帮助其达成协议。第五，
调解协议。经调解达成协议的，应制作调解协议书，由双方当事人
签名或者盖章，经调解员签名并加盖调解组织印章后生效，具有法
律约束力，当事人应当履行。

3. 申请劳动争议调解后，当事人能否申请劳动仲裁？

　　根据法律规定，申请劳动争议调解后，当事人仍可申请仲裁，
但应符合以下情形：第一，自劳动争议调解组织收到调解申请之日
起十五日内未达成调解协议，当事人可依法申请劳动仲裁；第二，
达成调解协议后，一方当事人在协议约定期限内不履行调解协议，
另一方当事人可依法申请劳动仲裁。此外，因支付拖欠劳动报酬、
工伤医疗费、经济补偿或者赔偿金事项达成调解协议，用人单位在
协议约定期限内不履行的，劳动者可持调解协议书依法向人民法院
申请支付令。

4. 劳动争议仲裁委员如何设立？

　　根据法律规定，劳动争议仲裁委员会按照统筹规划、合理布局
和适应实际需要的原则设立。省、自治区人民政府可以决定在市、
县设立；直辖市人民政府可以决定在区、县设立；直辖市、设区
的市也可以设立一个或者若干个劳动争议仲裁委员会。劳动争议
仲裁委员会不按行政区划层层设立。同时，劳动争议仲裁委员会
由劳动行政部门代表、工会代表和企业方面代表组成，组成人员

应当是单数。

5. 仲裁员应符合哪些条件?

根据法律规定,仲裁员应公道正派并符合下列条件之一:第一,曾任审判员;第二,从事法律研究、教学工作并具有中级以上职称;第三,具有法律知识、从事人力资源管理或者工会等专业工作满五年;第四,律师执业满三年。此外,如果仲裁员私自会见当事人、代理人,或者接受当事人、代理人请客送礼,以及存在索贿受贿、徇私舞弊、枉法裁决行为,除承担法律责任以外,劳动争议仲裁委员会还应将其解聘。

6. 仲裁时效为多久?

根据法律规定,申请劳动争议仲裁的时效期间为一年,从当事人知道或者应当知道其权利被侵害之日起计算。此外,劳动关系存续期间因拖欠劳动报酬发生争议,劳动者申请仲裁不受上述仲裁时效期间的限制。如果劳动关系终止,劳动者应当自劳动关系终止之日起一年内提出。

时效中断,即仲裁时效因当事人一方向对方当事人主张权利,或者向有关部门请求权利救济,或者对方当事人同意履行义务而中断。从中断时起,时效重新计算。时效中止,即因不可抗力或者有其他正当理由,当事人不能在仲裁时效期间申请仲裁,仲裁时效中止。待原因消除后,时效继续计算。

第六节　人民调解法

1. 人民调解委员会的内容有哪些?

人民调解委员会,即依法设立的调解民间纠纷的群众性组织,通过说服、疏导等方法,促使当事人在平等协商基础上自愿达成调解协议,从而解决民间纠纷的活动。内容包括:

第一,设立上,村民委员会、居民委员会应设立人民调解委员会,企业事业单位根据需要设立人民调解委员会。第二,人员上,人民调解委员会由委员三人至九人组成,设主任一人,必要时,可以设副主任若干人。此外,人民调解委员会应当有妇女成员,多民族居住的地区还应有人数较少民族的成员。第三,产生上,村民委员会、居民委员会的人民调解委员会委员由村民会议或者村民代表会议、居民会议推选产生;企业事业单位设立的人民调解委员会委员由职工大会、职工代表大会或者工会组织推选产生。此外,人民调解委员会委员每届任期三年,可连选连任。第四,经费上,村民委员会、居民委员会和企业事业单位应为人民调解委员会开展工作提供办公条件和工作经费。第五,管理上,县级人民政府司法行政部门应对本行政区域内人民调解委员会的设立情况进行统计,并及时通报所在地基层人民法院。此外,人民调解委员会还应建立健全各项调解工作制度,听取群众意见,接受群众监督。

2. 人民调解程序有哪些？

人民调解程序，具体包括：第一，调解启动。人民调解委员会可就民间纠纷主动调解，也可由当事人向其申请调解。如果当事人一方明确拒绝调解的，不得调解。第二，人员确定。人民调解员可由人民调解委员会自行指定，也可由当事人自主选择，人数为一名或者数名。经当事人同意，人民调解员还可邀请亲属、邻居、同事以及具有特定知识的人参与调解。第三，调解原则。人民调解工作应明法析理、主持公道，及时就地进行，防止矛盾激化。在调解过程中，调解人员应充分听取当事人的陈述，细致调解、耐心疏导，帮助其自愿达成调解协议。第四，权利义务。在调解过程中，当事人不仅享有自主表达意愿、自愿达成协议，还享有接受调解、拒绝调解、终止调解的权利。此外，当事人还负有如实陈述、遵守秩序、尊重调解等义务。

3. 人民调解员的职责有哪些？

人民调解员在开展调解工作的同时，还承担以下职责：第一，报告职责。人民调解员发现矛盾纠纷有激化之可能，应果断采取预防措施，避免矛盾扩大、纠纷加剧。如对可能引起治安案件、刑事案件的矛盾纠纷，人民调解员应及时向当地公安机关报告。第二，告知职责。人民调解员调解纠纷不成的，应果断终止调解，并依据法律规定，告知当事人通过仲裁、行政、司法等途径维护权利。第三，记录职责。人民调解员应如实记录调解情况，人民调解委员会应建立调解工作档案，将调解登记、调解工作记录、调解协议书等材料立卷归档。

4. 当事人在人民调解活动中的权利义务是什么？

　　根据法律规定，当事人在人民调解活动中的权利，具体包括：第一，选择或者接受人民调解员；第二，接受调解、拒绝调解或者要求终止调解；第三，要求调解公开进行或者不公开进行；第四，自主表达意愿、自愿达成调解协议。

　　当事人在人民调解活动中的义务，具体包括：第一，如实陈述纠纷事实；第二，遵守调解现场秩序，尊重人民调解员；第三，尊重对方当事人行使权利。

5. 什么是调解协议？

　　调解协议，即在人民调解委员会的主持调解下，当事人就解决矛盾纠纷所达成的共同意思表示。具体包括：第一，形式上。当事人就解决矛盾纠纷达成意见，可制作调解协议书。若采取口头协议，人民调解员应如实记录协议内容。第二，事项上。调解协议书应载明当事人情况、纠纷事实、争议事项、双方责任、协议内容、履行方式和期限等内容。第三，效力上。调解协议书自当事人签名、盖章或者按指印，人民调解员签名并加盖人民调解委员会印章之日起生效。口头调解协议自当事人达成协议之日起生效。第四，救济上。当事人若就调解协议履行或内容发生争议，可向人民法院提起诉讼。第五，执行上。达成调解协议后，双方当事人认为有必要的，可自调解协议生效之日起三十日内共同向人民法院申请司法确认。若确认调解协议有效，一方当事人拒绝履行或未全部履行，另一方当事人可申请人民法院强制执行。

6. 人民法院不予确认调解协议效力的情形有哪些？

根据法律规定，人民法院不予确认调解协议效力的情形，具体包括：第一，违反法律、行政法规强制性规定；第二，侵害国家利益、社会公共利益；第三，侵害案外人利益；第四，违背当事人真实意思。

第九章 党内法规

第一节 中国共产党章程

1. 申请加入中国共产党的条件有哪些？

《中国共产党章程》第一条规定，年满十八岁的中国工人、农民、军人、知识分子和其他社会阶层的先进分子，承认党的纲领和章程，愿意参加党的一个组织并在其中积极工作、执行党的决议和按期交纳党费的，可以申请加入中国共产党。

2. 保障党员行使表决权的措施有哪些？

《中国共产党章程》第四条第一款第五项规定，党员享有下列权利：行使表决权、选举权，有被选举权。第十七条第一款规定，党组织讨论决定问题，必须执行少数服从多数的原则。决定重要问题，要进行表决。对于少数人的不同意见，应当认真考虑。如对重要问题发生争论，双方人数接近，除了在紧急情况下必须按多数意见执行外，应当暂缓作出决定，进一步调查研究，交换意见，下次再表决；在特殊情况下，也可将争论情况向上级组织报告，请求裁决。

《中国共产党党员权利保障条例》第二十六条规定，党组织讨论决定问题必须坚持民主集中制，执行少数服从多数原则，决定重要问题应当按照规定进行表决。表决前应当充分讨论酝酿，表决情况和不同意见及其理由应当如实记录。

3. 党员是否享有选举的权利？

《中国共产党章程》第四条第一款第五项规定，党员享有行使表决权、选举权，有被选举权。第七条第二款规定，预备党员的义务同正式党员一样。预备党员的权利，除了没有表决权、选举权和被选举权以外，也同正式党员一样。第四十一条第二款规定，留党察看最长不超过两年。党员在留党察看期间没有表决权、选举权和被选举权。党员经过留党察看，确已改正错误的，应当恢复其党员的权利；坚持错误不改的，应当开除党籍。

第十一条第一款规定，党的各级代表大会的代表和委员会的产生，要体现选举人的意志。选举采用无记名投票的方式。候选人名单要由党组织和选举人充分酝酿讨论。可以直接采用候选人数多于应选人数的差额选举办法进行正式选举。也可以先采用差额选举办法进行预选，产生候选人名单，然后进行正式选举。选举人有了解候选人情况、要求改变候选人、不选任何一个候选人和另选他人的权利。任何组织和个人不得以任何方式强迫选举人选举或不选举某个人。

《中国共产党党员权利保障条例》第二十九条规定，党的任何组织和任何党员不得以任何方式妨碍党员在党内自主行使选举权和被选举权，不得阻挠有选举权和被选举权的人到场，不得以任何方式追查选举人的投票意向。

4. 是否预备党员预备期满，即转为正式党员？

《中国共产党章程》第七条第三款规定，预备党员预备期满，党的支部应当及时讨论他能否转为正式党员。认真履行党员义务，具备党员条件的，应当按期转为正式党员；需要继续考察和教育的，可以延长预备期，但不能超过一年；不履行党员义务，不具备党员条件的，应当取消预备党员资格。预备党员转为正式党员，或延长预备期，或取消预备党员资格，都应当经支部大会讨论通过和上级党组织批准。

5. 什么是"四个服从"？

《中国共产党章程》第十条第一款第一项规定，党员个人服从党的组织，少数服从多数，下级组织服从上级组织，全党各个组织和全体党员服从党的全国代表大会和中央委员会。

6. 党的全国代表大会的职权有哪些？

《中国共产党章程》第十九条第一款规定，党的全国代表大会每五年举行一次，由中央委员会召集。中央委员会认为有必要，或者有三分之一以上的省一级组织提出要求，全国代表大会可以提前举行；如无非常情况，不得延期举行。第二十条规定，党的全国代表大会的职权是：（一）听取和审查中央委员会的报告；（二）审查中央纪律检查委员会的报告；（三）讨论并决定党的重大问题；（四）修改党的章程；（五）选举中央委员会；（六）选举中央纪律检查委员会。

7. 什么是党的基层组织？

《中国共产党章程》第三十条规定，企业、农村、机关、学校、科研院所、街道社区、社会组织、人民解放军连队和其他基层单位，凡是有正式党员三人以上的，都应当成立党的基层组织。党的基层组织，根据工作需要和党员人数，经上级党组织批准，分别设立党的基层委员会、总支部委员会、支部委员会。基层委员会由党员大会或代表大会选举产生，总支部委员会和支部委员会由党员大会选举产生，提出委员候选人要广泛征求党员和群众的意见。第三十一条规定，党的基层委员会、总支部委员会、支部委员会每届任期三年至五年。基层委员会、总支部委员会、支部委员会的书记、副书记选举产生后，应报上级党组织批准。第三十二条第一款第一句规定，党的基层组织是党在社会基层组织中的战斗堡垒，是党的全部工作和战斗力的基础。

8. 党的基层组织的工作重点是什么？

《中国共产党章程》第三十三条规定，街道、乡、镇党的基层委员会和村、社区党组织，领导本地区的工作和基层社会治理，支持和保证行政组织、经济组织和群众自治组织充分行使职权。

国有企业党委（党组）发挥领导作用，把方向、管大局、保落实，依照规定讨论和决定企业重大事项。国有企业和集体企业中党的基层组织，围绕企业生产经营开展工作。保证监督党和国家的方针、政策在本企业的贯彻执行；支持股东会、董事会、监事会和经理（厂长）依法行使职权；全心全意依靠职工群众，支持职工代表大会开展工作；参与企业重大问题的决策；加强党组织的自身建设，领导思想政治工作、精神文明建设和工会、共青团等群团组织。

非公有制经济组织中党的基层组织，贯彻党的方针政策，引导和监督企业遵守国家的法律法规，领导工会、共青团等群团组织，团结凝聚职工群众，维护各方的合法权益，促进企业健康发展。

社会组织中党的基层组织，宣传和执行党的路线、方针、政策，领导工会、共青团等群团组织，教育管理党员，引领服务群众，推动事业发展。

实行行政领导人负责制的事业单位中党的基层组织，发挥战斗堡垒作用。实行党委领导下的行政领导人负责制的事业单位中党的基层组织，对重大问题进行讨论和作出决定，同时保证行政领导人充分行使自己的职权。

各级党和国家机关中党的基层组织，协助行政负责人完成任务，改进工作，对包括行政负责人在内的每个党员进行教育、管理、监督，不领导本单位的业务工作。

第二节　中国共产党纪律处分条例

1. 什么是撤销党内职务处分？

《中国共产党纪律处分条例》第十一条规定，撤销党内职务处分，是指撤销受处分党员由党内选举或者组织任命的党内职务。对于在党内担任两个以上职务的，党组织在作处分决定时，应当明确是撤销其一切职务还是一个或者几个职务。如果决定撤销其一个职务，必须撤销其担任的最高职务。如果决定撤销其两个以上职务，则必须从其担任的最高职务开始依次撤销。对于在党外组织担任职务的，应当建议党外组织依照规定作出相应处理。

对于应当受到撤销党内职务处分，但是本人没有担任党内职务的，应当给予其严重警告处分。同时，在党外组织担任职务的，应当建议党外组织撤销其党外职务。

党员受到撤销党内职务处分，或者依照前款规定受到严重警告处分的，二年内不得在党内担任和向党外组织推荐担任与其原任职务相当或者高于其原任职务的职务。

2. 什么是留党察看处分？

《中国共产党纪律处分条例》第十二条规定，留党察看处分，分为留党察看一年、留党察看二年。对于受到留党察看处分一年的党员，期满后仍不符合恢复党员权利条件的，应当延长一年留党察看期限。留党察看期限最长不得超过二年。党员受留党察看处分期间，没有表决权、选举权和被选举权。留党察看期间，确有悔改表现的，期满后恢复其党员权利；坚持不改或者又发现其他应当受到党纪处分的违纪行为的，应当开除党籍。党员受到留党察看处分，其党内职务自然撤销。对于担任党外职务的，应当建议党外组织撤销其党外职务。受到留党察看处分的党员，恢复党员权利后二年内，不得在党内担任和向党外组织推荐担任与其原任职务相当或者高于其原任职务的职务。

第十四条规定，党的各级代表大会的代表受到留党察看以上（含留党察看）处分的，党组织应当终止其代表资格。

3. 对党组织的纪律处理措施有哪些?

《中国共产党纪律处分条例》第九条规定,对于违犯党的纪律的党组织,上级党组织应当责令其作出检查或者进行通报批评。对于严重违犯党的纪律、本身又不能纠正的党组织,上一级党的委员会在查明核实后,根据情节严重的程度,可以予以:(一)改组;(二)解散。

第十五条规定,对于受到改组处理的党组织领导机构成员,除应当受到撤销党内职务以上(含撤销党内职务)处分的外,均自然免职。第十六条规定,对于受到解散处理的党组织中的党员,应当逐个审查。其中,符合党员条件的,应当重新登记,并参加新的组织过党的生活;不符合党员条件的,应当对其进行教育、限期改正,经教育仍无转变的,予以劝退或者除名;有违纪行为的,依照规定予以追究。

4. 可以从轻或者减轻处分的情形有哪些?

《中国共产党纪律处分条例》第十七条规定,有下列情形之一的,可以从轻或者减轻处分:(一)主动交代本人应当受到党纪处分的问题的;(二)在组织核实、立案审查过程中,能够配合核实审查工作,如实说明本人违纪违法事实的;(三)检举同案人或者其他人应当受到党纪处分或者法律追究的问题,经查证属实的;(四)主动挽回损失、消除不良影响或者有效阻止危害结果发生的;(五)主动上交违纪所得的;(六)有其他立功表现的。

第二十一条第一款规定,从轻处分,是指在本条例规定的违纪行为应当受到的处分幅度以内,给予较轻的处分。第二十二条第一款规定，减轻处分，是指在本条例规定的违纪行为应当受到的处分幅度以外，减轻一档给予处分。

5. 应当从重或者加重处分的情形有哪些？

《中国共产党纪律处分条例》第二十条规定，有下列情形之一的，应当从重或者加重处分：（一）强迫、唆使他人违纪的；（二）拒不上交或者退赔违纪所得的；（三）违纪受处分后又因故意违纪应当受到党纪处分的；（四）违纪受到党纪处分后，又被发现其受处分前的违纪行为应当受到党纪处分的；（五）本条例另有规定的。

第二十一条第二款规定，从重处分，是指在本条例规定的违纪行为应当受到的处分幅度以内，给予较重的处分。第二十二条第二款规定，加重处分，是指在本条例规定的违纪行为应当受到的处分幅度以外，加重一档给予处分。

6. 应开除犯罪党员党籍的情形有哪些？

《中国共产党纪律处分条例》第三十二条规定，党员犯罪，有下列情形之一的，应当给予开除党籍处分：（一）因故意犯罪被依法判处刑法规定的主刑（含宣告缓刑）的；（二）被单处或者附加剥夺政治权利的；（三）因过失犯罪，被依法判处三年以上（不含三年）有期徒刑的。因过失犯罪被判处三年以下（含三年）有期徒刑或者被判处管制、拘役的，一般应当开除党籍。对于个别可以不开除党籍的，应当对照处分党员批准权限的规定，报请再上一级党组织批准。

7. 对抗组织审查的情形有哪些?

《中国共产党纪律处分条例》第五十六条规定,对抗组织审查,有下列行为之一的,给予警告或者严重警告处分;情节较重的,给予撤销党内职务或者留党察看处分;情节严重的,给予开除党籍处分:(一)串供或者伪造、销毁、转移、隐匿证据的;(二)阻止他人揭发检举、提供证据材料的;(三)包庇同案人员的;(四)向组织提供虚假情况,掩盖事实的;(五)有其他对抗组织审查行为的。

8. 党员违规从事营利活动的行为有哪些?

《中国共产党纪律处分条例》第九十四条规定,违反有关规定从事营利活动,有下列行为之一,情节较轻的,给予警告或者严重警告处分;情节较重的,给予撤销党内职务或者留党察看处分;情节严重的,给予开除党籍处分:(一)经商办企业的;(二)拥有非上市公司(企业)的股份或者证券的;(三)买卖股票或者进行其他证券投资的;(四)从事有偿中介活动的;(五)在国(境)外注册公司或者投资入股的;(六)有其他违反有关规定从事营利活动的。利用参与企业重组改制、定向增发、兼并投资、土地使用权出让等决策、审批过程中掌握的信息买卖股票,利用职权或者职务上的影响通过购买信托产品、基金等方式非正常获利的,依照前款规定处理。违反有关规定在经济组织、社会组织等单位中兼职,或者经批准兼职但获取薪酬、奖金、津贴等额外利益的,依照第一款规定处理。

第九十五条规定,利用职权或者职务上的影响,为配偶、子女及其配偶等亲属和其他特定关系人在审批监管、资源开发、金融信贷、大宗采购、土地使用权出让、房地产开发、工程招投标以及公共财政支出等方面谋取利益，情节较轻的，给予警告或者严重警告处分；情节较重的，给予撤销党内职务或者留党察看处分；情节严重的，给予开除党籍处分。利用职权或者职务上的影响，为配偶、子女及其配偶等亲属和其他特定关系人吸收存款、推销金融产品等提供帮助谋取利益的，依照前款规定处理。

第九十六条规定，党员领导干部离职或者退（离）休后违反有关规定接受原任职务管辖的地区和业务范围内的企业和中介机构的聘任，或者个人从事与原任职务管辖业务相关的营利活动，情节较轻的，给予警告或者严重警告处分；情节较重的，给予撤销党内职务处分；情节严重的，给予留党察看处分。党员领导干部离职或者退（离）休后违反有关规定担任上市公司、基金管理公司独立董事、独立监事等职务，情节较轻的，给予警告或者严重警告处分；情节较重的，给予撤销党内职务处分；情节严重的，给予留党察看处分。

第三节　党政领导干部选拔任用工作条例

1. 选拔任用党政领导干部的原则有哪些？

《党政领导干部选拔任用工作条例》第二条规定，选拔任用党政领导干部，必须坚持下列原则：（一）党管干部；（二）德才兼备、以德为先，五湖四海、任人唯贤；（三）事业为上、人岗相适、人事相宜；（四）公道正派、注重实绩、群众公认；（五）民主集中制；

（六）依法依规办事。

2. 提拔担任党政领导职务的资格有哪些?

《党政领导干部选拔任用工作条例》第八条规定，提拔担任党政领导职务的，应当具备下列基本资格：（一）提任县处级领导职务的，应当具有五年以上工龄和两年以上基层工作经历。（二）提任县处级以上领导职务的，一般应当具有在下一级两个以上职位任职的经历。（三）提任县处级以上领导职务，由副职提任正职的，应当在副职岗位工作两年以上；由下级正职提任上级副职的，应当在下级正职岗位工作三年以上。（四）一般应当具有大学专科以上文化程度，其中厅局级以上领导干部一般应当具有大学本科以上文化程度。（五）应当经过党校（行政学院）、干部学院或者组织（人事）部门认可的其他培训机构的培训，培训时间应当达到干部教育培训的有关规定要求。确因特殊情况在提任前未达到培训要求的，应当在提任后一年内完成培训。（六）具有正常履行职责的身体条件。（七）符合有关法律规定的资格要求。提任党的领导职务的，还应当符合《中国共产党章程》等规定的党龄要求。职级公务员担任领导职务，按照有关规定执行。

3. 破格提拔党政领导干部的条件是什么?

《党政领导干部选拔任用工作条例》第九条规定，党政领导干部应当逐级提拔。特别优秀或者工作特殊需要的干部，可以突破任职资格规定或者越级提拔担任领导职务。破格提拔的特别优秀干部，应当政治过硬、德才素质突出、群众公认度高，且符合下列条件之一：在关键时刻或者承担急难险重任务中经受住考验、表现突出、作出重大贡献；在条件艰苦、环境复杂、基础差的地区或者单位工作实绩突出；在其他岗位上尽职尽责，工作实绩特别显著。因工作特殊需要破格提拔的干部，应当符合下列情形之一：领导班子结构需要或者领导职位有特殊要求的；专业性较强的岗位或者重要专项工作急需的；艰苦边远地区、贫困地区急需引进的。破格提拔干部必须从严掌握。不得突破本条例第七条规定的基本条件和第八条第一款第七项规定的资格要求。任职试用期未满或者提拔任职不满一年的，不得破格提拔。不得在任职年限上连续破格。不得越两级提拔。

4. 不得列为考察对象的情形有哪些？

《党政领导干部选拔任用工作条例》第二十四条规定，有下列情形之一的，不得列为考察对象：（一）违反政治纪律和政治规矩的；（二）群众公认度不高的；（三）上一年年度考核结果为基本称职以下等次的；（四）有跑官、拉票等非组织行为的；（五）除特殊岗位需要外，配偶已移居国（境）外，或者没有配偶但子女均已移居国（境）外的；（六）受到诫勉、组织处理或者党纪政务处分等影响期未满或者期满影响使用的；（七）其他原因不宜提拔或者进一步使用的。

5. 党组讨论决定干部任免事项的程序是什么？

《党政领导干部选拔任用工作条例》第三十八条规定，党委（党组）讨论决定干部任免事项，必须有三分之二以上成员到会，并保证与会成员有足够时间听取情况介绍、充分发表意见。与会成员对任免事项，应当逐一发表同意、不同意或者缓议等明确意见，党委（党组）主要负责人应当最后表态。在充分讨论的基础上，采取口头表决、举手表决或者无记名投票等方式进行表决。意见分歧较大时，暂缓进行表决。党委（党组）有关干部任免的决定，需要复议的，应当经党委（党组）超过半数成员同意后方可进行。

第三十九条规定，党委（党组）讨论决定干部任免事项，应当按照下列程序进行：（一）党委（党组）分管组织（人事）工作的领导成员或者组织（人事）部门负责人，逐个介绍领导职务拟任人选的推荐、考察和任免理由等情况，其中涉及破格提拔等需要按照要求事先向上级组织（人事）部门报告的选拔任用有关工作事项，应当说明具体事由和征求上级组织（人事）部门意见的情况；（二）参加会议人员进行充分讨论；（三）进行表决，以党委（党组）应到会成员超过半数同意形成决定。

6. 如何计算党政领导职务的任职时间？

《党政领导干部选拔任用工作条例》第四十五条规定，党政领导职务的任职时间，按照下列时间计算：（一）由党委（党组）决定任职的，自党委（党组）决定之日起计算；（二）由党的代表大会、党的委员会全体会议、党的纪律检查委员会全体会议、人民代表大会、政协全体会议选举、决定任命的，自当选、决定任命之日起计算；（三）由人大常委会或者政协常委会任命或者决定任命的，自人大常委会、政协常委会任命或者决定任命之日起计算；（四）由党委向政府提名由政府任命的，自政府任命之日起计算。

7. 党政领导干部交流的内容有哪些？

《党政领导干部选拔任用工作条例》第五十一条规定，实行党政领导干部交流制度。

（一）交流的对象主要是：因工作需要交流的；需要通过交流锻炼提高领导能力的；在一个地方或者部门工作时间较长的；按照规定需要回避的；因其他原因需要交流的。交流的重点是县级以上地方党委和政府的领导成员，纪委监委、法院、检察院、党委和政府部分工作部门的主要领导成员。

（二）地方党委和政府领导成员原则上应当任满一届，在同一职位上任职满十年的，必须交流；在同一职位连续任职达到两个任期的，不再推荐、提名或者任命担任同一职务。同一地方（部门）的党政正职一般不同时易地交流。

（三）党政机关内设机构处级以上领导干部在同一职位上任职时间较长的，应当进行交流。

（四）经历单一或者缺少基层工作经历的年轻干部，应当有计划地派到基层、艰苦边远地区和复杂环境工作，坚决防止"镀金"思想和短期行为。

（五）加强工作统筹，加大干部交流力度。推进地方与部门之间、地区之间、部门之间、党政机关与国有企事业单位以及其他社会组织之间的干部交流，推动形成国有企事业单位、社会组织干部人才及时进入党政机关的良性工作机制。

（六）干部交流由党委（党组）及其组织（人事）部门按照干部管理权限组织实施，严格把握人选的资格条件。干部个人不得自行联系交流事宜，领导干部不得指定交流人选。同一干部不宜频繁交流。

（七）交流的干部接到任职通知后，应当在党委（党组）或者组织（人事）部门限定的时间内到任。跨地区跨部门交流的，应当同时转移行政关系、工资关系和党的组织关系。

8. 免去党政领导干部现职的情形有哪些？

《党政领导干部选拔任用工作条例》第五十四条规定，党政领导干部有下列情形之一的，一般应当免去现职：（一）达到任职年龄界限或者退休年龄界限的；（二）受到责任追究应当免职的；（三）不适宜担任现职应当免职的；（四）因违纪违法应当免职的；（五）辞职或者调出的；（六）非组织选派，个人申请离职学习期限超过一年的；（七）因健康原因，无法正常履行工作职责一年以上的；（八）因工作需要或者其他原因应当免去现职的。

第四节　党政机关厉行节约反对浪费条例

1. 党政机关的哪些收入应纳入部门预算？

《党政机关厉行节约反对浪费条例》第七条规定，党政机关应当加强预算编制管理，按照综合预算的要求，将各项收入和支出全部纳入部门预算。党政机关依法取得的罚没收入、行政事业性收费、政府性基金、国有资产收益和处置等非税收入，必须按规定及时足额上缴国库，严禁以任何形式隐瞒、截留、挤占、挪用、坐支或者私分，严禁转移到机关所属工会、培训中心、服务中心等单位账户使用。

2. 党政机关如何开展采购活动？

《党政机关厉行节约反对浪费条例》第十二条规定，党政机关采购货物、工程和服务，应当遵循公开透明、公平竞争、诚实信用原则。政府采购应当依法完整编制采购预算，严格执行经费预算和资产配置标准，合理确定采购需求，不得超标准采购，不得超出办公需要采购服务。严格执行政府采购程序，不得违反规定以任何方式和理由指定或者变相指定品牌、型号、产地。采购公开招标数额标准以上的货物、工程和服务，应当进行公开招标，确需改变采购方式的，应当严格执行有关公示和审批程序。列入政府集中采购目录范围的，应当委托集中采购机构代理采购，并逐步实行批量集中采购。严格控制协议供货采购的数量和规模，不得以协议供货拆分项目的方式规避公开招标。党政机关应当按照政府采购合同规定的采购需求组织验收。政府采购监督管理部门应当逐步建立政府采购结果评价制度，对政府采购的资金节约、政策效能、透明程度以及专业化水平进行综合、客观评价。加快政府采购管理交易平台建设，推进电子化政府采购。

3. 什么是差旅费？

《党政机关厉行节约反对浪费条例》第十四条规定，国内差旅人员应当严格按规定乘坐交通工具、住宿、就餐，费用由所在单位承担。差旅人员住宿、就餐由接待单位协助安排的，必须按标准交纳住宿费、餐费。差旅人员不得向接待单位提出正常公务活动以外的要求，不得接受礼金、礼品和土特产品等。

《中央和国家机关差旅费管理办法》第三条规定，差旅费是指工作人员临时到常驻地以外地区公务出差所发生的城市间交通费、住宿费、伙食补助费和市内交通费。第六条规定，城市间交通费是指工作人员因公到常驻地以外地区出差乘坐火车、轮船、飞机等交通工具所发生的费用。第十一条规定，住宿费是指工作人员因公出差期间入住宾馆（包括饭店、招待所）发生的房租费用。第十五条规定，伙食补助费是指对工作人员在因公出差期间给予的伙食补助费用。第十九条规定，市内交通费是指工作人员因公出差期间发生的市内交通费用。第二十二条规定，出差人员应当严格按规定开支差旅费，费用由所在单位承担，不得向下级单位、企业或其他单位转嫁。

4. 能否接待无公函的公务活动？

《党政机关厉行节约反对浪费条例》第二十条规定，党政机关应当建立公务接待审批控制制度，对无公函的公务活动不予接待，严禁将非公务活动纳入接待范围。

《党政机关国内公务接待管理规定》第二条第二款规定，本规定所称国内公务，是指出席会议、考察调研、执行任务、学习交流、检查指导、请示汇报工作等公务活动。第五条第二款规定，公务外出确需接待的，派出单位应当向接待单位发出公函，告知内容、行程和人员。第七条第一款规定，接待单位应当根据规定的接待范围，严格接待审批控制，对能够合并的公务接待统筹安排。无公函的公务活动和来访人员一律不予接待。

5. 如何改革公务用车制度?

《党政机关厉行节约反对浪费条例》第二十五条规定,坚持社会化、市场化方向,改革公务用车制度,合理有效配置公务用车资源,创新公务交通分类提供方式,保障公务出行,降低行政成本,建立符合国情的新型公务用车制度。改革公务用车实物配给方式,取消一般公务用车,保留必要的执法执勤、机要通信、应急和特种专业技术用车及按规定配备的其他车辆。普通公务出行由公务人员自主选择,实行社会化提供。取消的一般公务用车,采取公开招标、拍卖等方式公开处置。适度发放公务交通补贴,不得以车改补贴的名义变相发放福利。

6. 会议费开支范围有哪些?

《党政机关厉行节约反对浪费条例》第三十条规定,党政机关应当精简会议,严格执行会议费开支范围和标准。党政机关会议实行分类管理、分级审批。财政部门应当会同机关事务管理等部门制定本级党政机关会议费管理办法,从严控制会议数量、会期和参会人员规模。完善并严格执行严禁党政机关到风景名胜区开会制度规定。

《中央和国家机关会议费管理办法》第十四条规定,会议费开支范围包括会议住宿费、伙食费、会议场地租金、交通费、文件印刷费、医药费等。前款所称交通费是指用于会议代表接送站,以及会议统一组织的代表考察、调研等发生的交通支出。会议代表参加会议发生的城市间交通费,按照差旅费管理办法的规定回单位报销。第十五条第一款规定,会议费开支实行综合定额控制,各项费用之间可以调剂使用。第十六条第二款规定，会议费由会议召开单位承担，不得向参会人员收取，不得以任何方式向下属机构、企事业单位、地方转嫁或摊派。第二十七条第三款规定，不得使用会议费购置电脑、复印机、打印机、传真机等固定资产以及开支与本次会议无关的其他费用；不得组织会议代表旅游和与会议无关的参观；严禁组织高消费娱乐、健身活动；严禁以任何名义发放纪念品；不得额外配发洗漱用品。

7. 如何管理党政机关办公用房？

《党政机关厉行节约反对浪费条例》第三十五条第二款规定，党政机关办公用房应当严格管理，推进办公用房资源的公平配置和集约使用。凡是超过规定面积标准占有、使用办公用房以及未经批准租用办公用房的，必须腾退；凡是未经批准改变办公用房使用功能的，原则上应当恢复原使用功能。严禁出租出借办公用房，已经出租出借的，到期必须收回；租赁合同未到期的，租金收入应当按照收支两条线管理。

8. 党政机关厉行节约反对浪费应接受哪些监督？

《党政机关厉行节约反对浪费条例》第五十条规定，领导干部厉行节约反对浪费工作情况，应当列为领导班子民主生活会和领导干部述职述廉的重要内容并接受评议。

第五十一条规定，党委办公厅（室）、政府办公厅（室）负责统筹协调相关部门开展对厉行节约反对浪费工作的督促检查。每年至少组织开展一次专项督查，并将督查情况在适当范围内通报。专项督查可以与党风廉政建设责任制检查考核、年终党建工作考核等相结合，督查考核结果应当按照干部管理权限送纪检监察机关和组织人事部门，作为干部管理监督、选拔任用的依据。

第五十二条规定，纪检监察机关应当加强对厉行节约反对浪费工作的监督检查，受理群众举报和有关部门移送的案件线索，及时查处违纪违法问题。中央和省、自治区、直辖市党委巡视组应当按照有关规定，加强对有关党组织领导班子及其成员厉行节约反对浪费工作情况的巡视监督。

第五十三条规定，财政部门应当加强对党政机关预算编制、执行等财政、财务、政府采购和会计事项的监督检查，依法处理发现的违规问题，并及时向本级党委和政府汇报监督检查结果。审计部门应当加大对党政机关公务支出和公款消费的审计力度，依法处理、督促整改违规问题，并将涉嫌违纪违法问题移送有关部门查处。

第五十五条规定，推动和支持人民代表大会及其常务委员会依法严格审查批准党政机关公务支出预算，加强对预算执行情况的监督。发挥人大代表的监督作用，通过提出意见、建议、批评以及询问、质询等方式加强对党政机关厉行节约反对浪费工作的监督。支持人民政协对党政机关厉行节约反对浪费工作的监督，自觉接受并积极支持政协委员通过调研、视察、提案等方式加强对党政机关厉行节约反对浪费工作的监督。

第五十六条规定，重视各级各类媒体在厉行节约反对浪费方面的舆论监督作用。建立舆情反馈机制，及时调查处理媒体曝光的违规违纪违法问题。发挥群众对党政机关及其工作人员铺张浪费行为的监督作用，认真调查处理群众反映的问题。

第五节　中国共产党党内监督条例

1. 党内监督的主要内容是什么？

《中国共产党党内监督条例》第五条第二款规定，党内监督的主要内容是：（一）遵守党章党规，坚定理想信念，践行党的宗旨，模范遵守宪法法律情况；（二）维护党中央集中统一领导，牢固树立政治意识、大局意识、核心意识、看齐意识，贯彻落实党的理论和路线方针政策，确保全党令行禁止情况；（三）坚持民主集中制，严肃党内政治生活，贯彻党员个人服从党的组织，少数服从多数，下级组织服从上级组织，全党各个组织和全体党员服从党的全国代表大会和中央委员会原则情况；（四）落实全面从严治党责任，严明党的纪律特别是政治纪律和政治规矩，推进党风廉政建设和反腐败工作情况；（五）落实中央八项规定精神，加强作风建设，密切联系群众，巩固党的执政基础情况；（六）坚持党的干部标准，树立正确选人用人导向，执行干部选拔任用工作规定情况；（七）廉洁自律、秉公用权情况；（八）完成党中央和上级党组织部署的任务情况。

2. 监督执纪"四种形态"有哪些？

《中国共产党党内监督条例》第七条规定，党内监督必须把纪律挺在前面，运用监督执纪"四种形态"，经常开展批评和自我批评、约谈函询，让"红红脸、出出汗"成为常态；党纪轻处分、组织调整成为违纪处理的大多数；党纪重处分、重大职务调整的成为少数；严重违纪涉嫌违法立案审查的成为极少数。

3. 党内监督的重要方式是什么？

《中国共产党党内监督条例》第十九条规定，巡视是党内监督的重要方式。中央和省、自治区、直辖市党委一届任期内，对所管理的地方、部门、企事业单位党组织全面巡视。巡视党的组织和党的领导干部尊崇党章、党的领导、党的建设和党的路线方针政策落实情况，履行全面从严治党责任、执行党的纪律、落实中央八项规定精神、党风廉政建设和反腐败工作以及选人用人情况。发现问题、形成震慑，推动改革、促进发展，发挥从严治党利剑作用。中央巡视工作领导小组应当加强对省、自治区、直辖市党委，中央有关部委，中央国家机关部门党组（党委）巡视工作的领导。省、自治区、直辖市党委应当推动党的市（地、州、盟）和县（市、区、旗）委员会建立巡察制度，使从严治党向基层延伸。

4. 派驻纪检组应如何履行党内监督职责？

《中国共产党党内监督条例》第二十八条规定，纪委派驻纪检组对派出机关负责，加强对被监督单位领导班子及其成员、其他领导干部的监督，发现问题应当及时向派出机关和被监督单位党组织报告，认真负责调查处置，对需要问责的提出建议。派出机关应当加强对派驻纪检组工作的领导，定期约谈被监督单位党组织主要负责人、派驻纪检组组长，督促其落实管党治党责任。派驻纪检组应当带着实际情况和具体问题，定期向派出机关汇报工作，至少每半年会同被监督单位党组织专题研究 1 次党风廉政建设和反腐败工作。对能发现的问题没有发现是失职，发现问题不报告、不处置是渎职，都必须严肃问责。

5. 党员如何履行监督义务?

《中国共产党党内监督条例》第三十六条规定，党员应当本着对党和人民事业高度负责的态度，积极行使党员权利，履行下列监督义务：（一）加强对党的领导干部的民主监督，及时向党组织反映群众意见和诉求；（二）在党的会议上有根据地批评党的任何组织和任何党员，揭露和纠正工作中存在的缺点和问题；（三）参加党组织开展的评议领导干部活动，勇于触及矛盾问题、指出缺点错误，对错误言行敢于较真、敢于斗争；（四）向党负责地揭发、检举党的任何组织和任何党员违纪违法的事实，坚决反对一切派别活动和小集团活动，同腐败现象作坚决斗争。

第六节　中国共产党问责条例

1. 不同问责主体的具体职责是什么?

《中国共产党问责条例》第四条规定，党委（党组）应当履行全面从严治党主体责任，加强对本地区本部门本单位问责工作的领导，追究在党的建设、党的事业中失职失责党组织和党的领导干部的主体责任、监督责任、领导责任。纪委应当履行监督专责，协助同级党委开展问责工作。纪委派驻（派出）机构按照职责权限开展问责工作。党的工作机关应当依据职能履行监督职责，实施本机关本系统本领域的问责工作。

2. 应予问责的情形有哪些？

《中国共产党问责条例》第七条规定，党组织、党的领导干部违反党章和其他党内法规，不履行或者不正确履行职责，有下列情形之一，应当予以问责：

（一）党的领导弱化，"四个意识"不强，"两个维护"不力，党的基本理论、基本路线、基本方略没有得到有效贯彻执行，在贯彻新发展理念，推进经济建设、政治建设、文化建设、社会建设、生态文明建设中，出现重大偏差和失误，给党的事业和人民利益造成严重损失，产生恶劣影响的；

（二）党的政治建设抓得不实，在重大原则问题上未能同党中央保持一致，贯彻落实党的路线方针政策和执行党中央重大决策部署不力，不遵守重大事项请示报告制度，有令不行、有禁不止，阳奉阴违、欺上瞒下，团团伙伙、拉帮结派问题突出，党内政治生活不严肃不健康，党的政治建设工作责任制落实不到位，造成严重后果或者恶劣影响的；

（三）党的思想建设缺失，党性教育特别是理想信念宗旨教育流于形式，意识形态工作责任制落实不到位，造成严重后果或者恶劣影响的；

（四）党的组织建设薄弱，党建工作责任制不落实，严重违反民主集中制原则，不执行领导班子议事决策规则，民主生活会、"三会一课"等党的组织生活制度不执行，领导干部报告个人有关事项制度执行不力，党组织软弱涣散，违规选拔任用干部等问题突出，造成恶劣影响的；

（五）党的作风建设松懈，落实中央八项规定及其实施细则精神不力，"四风"问题得不到有效整治，形式主义、官僚主义问题突出，执行党中央决策部署表态多调门高、行动少落实差，脱离实际、脱离群众，拖沓敷衍、推诿扯皮，造成严重后果的；

（六）党的纪律建设抓得不严，维护党的政治纪律、组织纪律、廉洁纪律、群众纪律、工作纪律、生活纪律不力，导致违规违纪行为多发，造成恶劣影响的；

（七）推进党风廉政建设和反腐败斗争不坚决、不扎实，削减存量、遏制增量不力，特别是对不收敛、不收手，问题线索反映集中、群众反映强烈，政治问题和经济问题交织的腐败案件放任不管，造成恶劣影响的；

（八）全面从严治党主体责任、监督责任落实不到位，对公权力的监督制约不力，好人主义盛行，不负责不担当，党内监督乏力，该发现的问题没有发现，发现问题不报告不处置，领导巡视巡察工作不力，落实巡视巡察整改要求走过场、不到位，该问责不问责，造成严重后果的；

（九）履行管理、监督职责不力，职责范围内发生重特大生产安全事故、群体性事件、公共安全事件，或者发生其他严重事故、事件，造成重大损失或者恶劣影响的；

（十）在教育医疗、生态环境保护、食品药品安全、扶贫脱贫、社会保障等涉及人民群众最关心最直接最现实的利益问题上不作为、乱作为、慢作为、假作为，损害和侵占群众利益问题得不到整治，以言代法、以权压法、徇私枉法问题突出，群众身边腐败和作风问题严重，造成恶劣影响的；

（十一）其他应当问责的失职失责情形。

3. 对党组织的问责方式有哪些?

《中国共产党问责条例》第八条第一款规定，对党组织的问责，根据危害程度以及具体情况，可以采取以下方式：（一）检查。责令作出书面检查并切实整改。（二）通报。责令整改，并在一定范围内通报。（三）改组。对失职失责，严重违犯党的纪律、本身又不能纠正的，应当予以改组。

4. 对党的领导干部的问责方式有哪些?

《中国共产党问责条例》第八条第二款规定，对党的领导干部的问责，根据危害程度以及具体情况，可以采取以下方式：（一）通报。进行严肃批评，责令作出书面检查、切实整改，并在一定范围内通报。（二）诫勉。以谈话或者书面方式进行诫勉。（三）组织调整或者组织处理。对失职失责、危害较重，不适宜担任现职的，应当根据情况采取停职检查、调整职务、责令辞职、免职、降职等措施。（四）纪律处分。对失职失责、危害严重，应当给予纪律处分的，依照《中国共产党纪律处分条例》追究纪律责任。上述问责方式，可以单独使用，也可以依据规定合并使用。问责方式有影响期的，按照有关规定执行。

5. 如何执行问责决定?

《中国共产党问责条例》第十二条规定，问责决定应当由有管理权限的党组织作出。对同级党委直接领导的党组织，纪委和党的工作机关报经同级党委或者其主要负责人批准，可以采取检查、通报方式进行问责。采取改组方式问责的，按照党章和有关党内法规规定的权限、程序执行。对同级党委管理的领导干部，纪委和党的工作机关报经同级党委或者其主要负责人批准，可以采取通报、诫勉方式进行问责；提出组织调整或者组织处理的建议。采取纪律处分方式问责的，按照党章和有关党内法规规定的权限、程序执行。

第十三条规定，问责决定作出后，应当及时向被问责党组织、被问责领导干部及其所在党组织宣布并督促执行。有关问责情况应当向纪委和组织部门通报，纪委应当将问责决定材料归入被问责领导干部廉政档案，组织部门应当将问责决定材料归入被问责领导干部的人事档案，并报上一级组织部门备案；涉及组织调整或者组织处理的，相应手续应当在1个月内办理完毕。被问责领导干部应当向作出问责决定的党组织写出书面检讨，并在民主生活会、组织生活会或者党的其他会议上作出深刻检查。建立健全问责典型问题通报曝光制度，采取组织调整或者组织处理、纪律处分方式问责的，应当以适当方式公开。

第十四条规定，被问责党组织、被问责领导干部及其所在党组织应当深刻汲取教训，明确整改措施。作出问责决定的党组织应当加强督促检查，推动以案促改。

第十五条规定，需要对问责对象作出政务处分或者其他处理的，作出问责决定的党组织应当通报相关单位，相关单位应当及时处理并将结果通报或者报告作出问责决定的党组织。

图书在版编目（CIP）数据

国家工作人员学法用法实用问答／法规应用研究中心编 . —北京：中国法制出版社，2021.9

"八五"普法学习教程

ISBN 978 - 7 - 5216 - 2035 - 1

Ⅰ．①国… Ⅱ．①法… Ⅲ．①法律 - 中国 - 干部教育 - 学习参考资料 Ⅳ．①D920.4

中国版本图书馆 CIP 数据核字（2021）第 140563 号

责任编辑　韩璐玮（hanluwei666@163.com）　　　　封面设计　杨鑫宇

国家工作人员学法用法实用问答
GUOJIA GONGZUO RENYUAN XUEFA YONGFA SHIYONG WENDA

编者/法规应用研究中心
经销/新华书店
印刷/三河市紫恒印装有限公司
开本/880 毫米×1230 毫米　32 开　　　　　　印张/ 8.5　字数/ 178 千
版次/2021 年 9 月第 1 版　　　　　　　　　　2021 年 9 月第 1 次印刷

中国法制出版社出版
书号 ISBN 978 - 7 - 5216 - 2035 - 1　　　　　　　　定价：29.80 元

北京市西城区西便门西里甲 16 号西便门办公区
邮政编码 100053　　　　　　　　　　　　　传真：010 - 63141852
网址：http://www.zgfzs.com　　　　　　　编辑部电话：010 - 63141790
市场营销部电话：010 - 63141612　　　　　印务部电话：010 - 63141606

（如有印装质量问题，请与本社印务部联系。）